Freya von Moltke

Die Kreisauerin

Gespräch mit Eva Hoffmann
in der Reihe
»Zeugen des Jahrhunderts«

herausgegeben von Ingo Hermann

Lamuv Taschenbuch 194

Redaktion: Jürgen Voigt

Bitte fordern Sie unser kostenloses Gesamtverzeichnis an:
Lamuv Verlag, Postfach 26 05, D-37016 Göttingen

Das Papier des Buchblocks besteht zu 80 Prozent aus Altpapier,
zu 20 Prozent aus Holzschliff von Durchforstungsholz aus
nachhaltiger Forstwirtschaft.
Es enthält keine Färbung oder optische Aufheller.

1. Auflage 1996

Umschlaggestaltung: Gerhard Steidl
unter Verwendung eines ZDF-Fotos
Gesamtherstellung: Steidl, Göttingen
Printed in Germany
ISBN 3-88977-441-5

Ulrich Wilkens gewidmet

Inhaltsverzeichnis

Eva Hoffmann:
»Wir müssen mal auf das ganz Einfache zurückkommen« 9

Die Kreisauerin 13
40 Jahre außerhalb Deutschlands 15
Die Mutter führte 17
Es erschien Helmuth James von Moltke 20
Ich heiratete als armes Mädchen 25
Wir wählten Thälmann 28
Als Landfrau nach Kreisau 31
Täglich Briefe 35
Praktischer Widerstand 42
Der Kreisauer Kreis – spannungsvoll 46
Die Frauen: Keine Angst 50
Schöne Zeiten 56
Helmuth verhaftet 58
Eselsbrücken der Hoffnung 62
Gefängnis Berlin-Tegel 64
Kampf um Sprecherlaubnis 67
Hitler gewaltsam beseitigen? 69
Das hat mich empört 72
Vor dem »Volksgerichtshof« 74
Zum Tode verurteilt 80
Mit Russen und Polen in Schlesien 82
Weg von Kreisau 88
Nach Südafrika 90
Vorträge in USA 96

Trauer und Nähe 102
Wieder in Deutschland 104
Eugen Rosenstock-Huessy 108
Rückblende: Löwenberger
Work Camps 110
Wachsende Freundschaft 114
Ein europäisches Buch 116
Anwältin für viele und vieles 119
Ich bin sehr gerne Frau 123
Alter und Tod 131
Die Menschheit als ein Mensch 136
Schwierige Worte:
Vaterland, Heimat, Volk 139
Die Deutschen – vereinigt 143
Stiftung Kreisau 147
Die Umwelt heilen 150
Fortschritt und Rückschritt 154
Vision: Menschlicher leben 157

Anhang 161
Anmerkungen zum Gespräch 163
Freya von Moltke: Veröffentlichungen 171
Ingo Hermann: Über die Reihe
»Zeugen des Jahrhunderts« 172

»Wir müssen mal auf das ganz Einfache zurückkommen«

Mit zwei Freunden und einer Freundin besuchte ich im Oktober 1989 Freya von Moltke zum erstenmal, ganz privat. Einer der Männer hatte sie bei ihren zahlreichen Besuchen in Europa kennengelernt, und ich hatte ihn gebeten, ein Treffen für uns bei ihr zu Hause in Norwich/Vermont (USA) zu arrangieren. Wir kamen im Auto aus den Adirondacks, dem großen Naturpark im Staate New York. Wir waren erfüllt und beschwingt von der guten Luft und den flammenden Farben eines gelungenen »Indian Summer«, der uns hier wie dort umgab. Freya von Moltke lud uns sogleich ein, bei ihr zu übernachten. Sie brachte zwei von uns in dem altmodischen Ehebett ihres verstorbenen Freundes Eugen Rosenstock-Huessy unter. Die zwei anderen fanden im Nachbarhaus Unterkunft, wo Konrad und Ulrike von Moltke lebten.

Freya von Moltke begegnete uns herzlich, geradeheraus und erfrischend unkompliziert, und so ist ihre Beziehung zu mir bis heute geblieben. Als ich damals ihr Haus betrat, ahnte ich nicht, daß ich mit ihr zwei Jahre später ein Gespräch für die ZDF-Sendereihe »Zeugen des Jahrhunderts« führen würde. Mir war privat von ihr erzählt worden, und ich hatte in dem Buch »Briefe an Freya« gelesen. So war ich neugierig, diese Frau kennenzulernen, aber auch befangen, wenn ich an die schweren Erfahrungen in ihrem Leben dachte. Aber Freya von Moltke hat eine schöne Gabe, Befangenheit aufzulösen; sie läßt sie einfach nicht zu. So habe ich es auch bei unserem Gespräch erlebt, das sie am Schluß, meine Fragen lobend, doch nur »fast ein Gespräch« nannte.

Gespräch oder Interview? Die redaktionelle Vorgabe für die Sendereihe »Zeugen des Jahrhunderts« ist deutlich: Es soll ein Gespräch, kein Interview sein. Aber: Es gibt einen Fragenkatalog der Redaktion, nach dem man/frau sich zwar nicht richten muß, der aber doch als Grundmuster durch viele Gespräche dieser Sendereihe schimmert. Auch ich hielt mich über weite Strecken des Gesprächs daran, erlaubte mir aber unter anderem die »Modifikation«, nicht vor allem nach ihrem Vater, sondern auch nach ihrer Mutter zu fragen. Die Antwort ist nachzulesen.

»Was denken Sie denn darüber? Sie fragen mich immer, ohne zu sagen, was Sie denken. Wenn Sie mich in solche Gespräche ziehen, können Sie nicht mit mir sprechen, ohne daß Sie sich selber auch preisgeben. Sie verlangen ja von mir eine unerhörte Preisgabe hier! Das mache ich nicht mit. Glauben *Sie* denn an Fortschritt?«

Von diesem Ausbruch auf meine Frage, ob sie an Fortschritt glaube, war ich überrascht, und so fiel meine Antwort auf diese Frage, die ja wie ein Bumerang zu mir zurückkam, etwas dünn aus. Aber Freya von Moltke rettete die Situation sofort mit der Bemerkung: »Wir müssen mal auf das ganz Einfache zurückkommen in diesem Gespräch.« Wie sie ihre

Gedanken zu »Fortschritt und Rückschritt« dann weiterführt, scheint mir typisch für sie: Ihre Meßlatte ist der Mensch in seiner konkreten Lebenssituation.

Ihrer Ehe mit Helmuth James von Moltke, der den Kreisauer Kreis mitbegründet hatte und im Januar 1945 von den Nazis hingerichtet worden war, mußten natürlicherweise große Teile des Gesprächs gewidmet sein, und Freya von Moltke zeigte sich sehr zufrieden, als der Herausgeber dieses Buches den Titel »Die Kreisauerin« fand. Es war ihr wichtig auszudrücken, daß sie sich nicht als Witwe eines Kreisauer-Kreis-Mitgliedes fühlt, sondern sich selbst als Mitglied des Kreisauer Kreises versteht, ein Status, den sie auch den anderen Frauen, die den tätigen Widerstand dieser Gruppe mittrugen, zuerkennt.

Aber mir war auch wichtig zu erkunden, wie Freya von Moltke in den Jahrzehnten nach der Ermordung ihres Mannes gelebt hat und lebt. Über die Monate, die sie bis Herbst 1945 noch auf Gut Kreisau im heutigen Polen verbrachte, hat sie einen Bericht veröffentlicht. Aber was danach kam: Deutschland in Trümmern, die Schweiz, Südafrika, die Bundesrepublik Deutschland und die USA, ihr Entschluß, als wache Zeugin des Faschismus an die Öffentlichkeit zu gehen, schriftstellerisch zu arbeiten, die Begegnung mit dem hierzulande immer noch wenig bekannten deutschen Wissenschaftler und Emigranten Eugen Rosenstock-Huessy, das Zusamenleben mit ihm in Amerika, das Hineinfinden in sein Denken, ihre Haltung zu Strömungen unserer jetzigen Zeit, wie der Frauenbewegung und den ökologischen Fragen – Freya von Moltke dazu zu hören, fand ich auch wesentlich, und sie hat wunderbar spontan darauf reagiert.

Freya von Moltke hat Jura studiert und promoviert, als sie schon einige Jahre verheiratet war und bevor sie ihr erstes Kind erwartete. Später, in Südafrika, verdiente sie für sich und ihre Kinder in einem Beruf Geld, für den sie keine abgeschlossene Ausbildung hatte. »Ich bin ein Laie und bin eine Laiin geblieben«, sagt sie, offen für feministische Ausdrucksversuche. Sie habe sich im Grunde immer für das sorgende Element entschieden, das hätte sie wichtiger als irgendeinen Beruf gefunden. »Ich bin gut für's Leben.« Sie denkt auch: »Auf die Dauer wird die Eva nicht mehr aus der Rippe des Adam entspringen.«

Eva Hoffmann

Die Kreisauerin

Das Gespräch wurde am 29. und 30. September 1991
in Norwich, Vermont (USA) geführt

Abkürzungen

NS	–	Nationalsozialismus
NSDAP	–	Nationalsozialistische Deutsche Arbeiterpartei
OKW	–	Oberkommando der Wehrmacht
SA	–	Sturmabteilung der NSDAP
SD	–	Sicherheitsdienst der NSDAP beziehungsweise der SS
SS	–	Schutzstaffel der NSDAP

Polnische Namen der heute in Polen, früher in Deutschland gelegenen Orte, die im Gespräch auf deutsch genannt werden

Breslau	–	Wrocław
Kreisau	–	Krzyzowa
Löwenberg	–	Lwónek Sl.
Schweidnitz	–	Swidnica
Waldenburg	–	Wałbrzych

40 Jahre außerhalb Deutschlands

Freya von Moltke, Sie sind nun 80 Jahre alt und leben schon über 30 Jahre in den USA. Das ist die längste Zeit, die Sie an einem Ort verbracht haben. Fühlen Sie sich hier zu Hause?

Ganz und gar. Im übrigen habe ich die Hälfte meines Lebens außerhalb Deutschlands verbracht. Das habe ich mir neulich überlegt: Fast zehn Jahre in Südafrika und jetzt 30 Jahre in den USA, das macht 80, 40 und 40.

Was brachte Sie 1960 in den kleinen Ort Norwich, Vermont, im Osten Amerikas?

Nur der Lehrer und Freund meines Mannes: Eugen Rosenstock-Huessy[1], mit dem ich in Verbindung geblieben bin über die vielen Jahre, der seine Frau verloren hatte, hier jemanden brauchte. Ich war ihm nah genug, um diejenige sein zu wollen, die mit ihm zusammenlebte. Hinzu kam, daß mein jüngerer Sohn an einem amerikanischen College – jedenfalls teilweise – studieren wollte; so kamen wir beide zusammen 1960 nach Norwich. Er ging ein Jahr lang in das College, an dem Professor Dr. Rosenstock-Huessy 20 oder mehr Jahre gelehrt hatte, und nach einem Jahr wieder zurück nach Deutschland, um dort weiterzustudieren. Ich blieb in den USA; denn ich habe sehr gern zwölf wunderbare Jahre noch mit diesem alten Freund verlebt. Als er dann starb, hatte ich eigene Wurzeln; auch meine Kinder[2] hatten Wurzeln hier bekommen. Da bin ich weiter geblieben. So lebe ich jetzt immer noch und sehr gerne in diesem Ort.

Ihr jüngerer Sohn Konrad wohnt jetzt bei Ihnen in der Nachbarschaft. Ihr anderer Sohn, der älteste, Helmuth Caspar, lebt auch in den USA.

Ja, mein Sohn Konrad ist ein Umweltsmensch und hat viele Jahre in der Umweltpolitik in Deutschland gearbeitet. Aber da die Umwelt nun wirklich die ganze Welt angeht und er in den Staaten studiert und gewisse Wurzeln hatte, ist er wieder, vor sechs Jahren, glaube ich, mit seiner ganzen Familie in die USA gekommen. Aber er arbeitet in Europa und in den USA; überall arbeitet er. Glücklicherweise steht sein Haus nebenan. Ich habe die Freude, mit seiner Familie, seiner Frau und den vier Kindern, in schönster Nähe zu leben. Obwohl die auch erwachsen sind, kommen sie doch immer wieder nach Hause. So habe ich's wirklich so gut wie wenige alte Frauen mit dieser Nachbarschaft.

Mein ältester Sohn ist seit vielen, vielen Jahren Mitarbeiter der BASF in Ludwigshafen. Er ist über die ganze Welt geschickt worden und hat die letzten, es sind wohl auch schon zwölf Jahre, auf dieser Seite verbracht.

Aber im Gegensatz zu mir haben meine Söhne noch deutsche Pässe. Wir haben die Pässe in der

Familie wunderbar verteilt. Es ist mir nicht gelungen, was ich ernstlich und mit Mühen versucht habe, beide Nationalitäten, Pässe für beide Nationalitäten, zu haben, was ich heute als modern empfinde, was auch meine Enkel ganz von selber fertigbringen. Aber ich habe das nicht fertiggebracht und habe vor fünf Jahren aus vielen Gründen den Paß gewechselt, was nicht immer bedeutet, daß man nicht ganz gut im Herzen auf zwei Seiten sein kann.

Sie sind jetzt amerikanische Staatsbürgerin?

Ich bin jetzt amerikanische Staatsangehörige.

Die Mutter führte

Ein Sprung weit zurück in Ihre Kindheit nach Köln: 1911 sind Sie dort geboren. Ihr Vater war Bankier. Welches sind Ihre frühesten Kindheitserinnerungen?

Eigentlich sogar der Anfang des Krieges, des Ersten Weltkrieges. Damals war ich allerdings erst drei Jahre alt. Aber ich sah meinen Vater in einer Uniform in den Krieg ziehen. Das sind fast meine ersten Erinnerungen.

In meiner Familie spielte eigentlich meine Mutter die größere Rolle. Sie war eine sehr bestimmte, energische Frau und hat uns viel mehr beeinflußt. Ich habe zwei Brüder – hatte zwei Brüder –, ich habe nur noch einen. Sie war wirklich die führende Person in unserer Familie. Das gilt für uns alle.

Meine Mutter war von vornherein eine entschiedene Anhängerin der Weimarer Republik. Mein Vater war konservativ; der liebte noch die Armee und das Kaiserreich. Er war ein Deutschnationaler. Mein ganzes Leben bin ich meiner Mutter gefolgt, nicht meinem Vater und habe immer die Deutschnationalen sehr kritisch beurteilt. Das habe ich auch damals schon mit meinem Vater so gemacht. Den liebte ich; aber was er dachte, schien weit weg von mir. Er war 20 Jahre älter als meine Mutter und gehörte wirklich einer anderen Generation an; das empfand ich so.

So sind Ihre frühesten Kindheitserinnerungen schon politisch gefärbt?

Das kann man sagen. Aber meine Haupterzieher waren natürlich meine Brüder. Wenn man zwei ältere Brüder hat, dann haben die viel zu sagen. Sie haben mich zunächst sehr schlecht behandelt – finde ich –, und ich habe viele ihrer Erziehungsmaßnahmen noch in Erinnerung. Als ich dann ungefähr 16 war, da wurden sie ganz charmant und sind das ganze Leben so geblieben. Ich habe sehr gute Brüder gehabt.

War Ihr Elternhaus ein christliches Elternhaus, oder gab es eine andere religiöse Erziehung?

Nein, es war ein ganz unreligiöses Elternhaus. Es war agnostisch. Natürlich waren wir Protestanten; das stand im Buch. Aber die Kirche spielte keine große Rolle. Ich bin getauft, und ich bin konfirmiert; aber das waren doch eigentlich viel mehr soziale als religiöse Ereignisse in meinem Leben.

Sie waren jung, als Sie Ihren Mann zum erstenmal trafen. Das war 1929. Können Sie die Umstände schildern, unter denen dies geschah?

Ja, das kann ich natürlich: Mein jüngerer Bruder studierte in Wien Jura, und dort hatte er ein ganz außerordentliches Ehepaar kennengelernt: Hermann und Eugenie Schwarzwald. Frau Schwarzwald[3] war eine große Pädagogin und Sozialarbeiterin. Sie hat nach dem Krieg überall Küchen eingerichtet, Kindern Landaufenthalte verschafft in Deutschland wie in Österreich. Sie hatte vor allen Dingen eine Mädchenschule eingerichtet, in der Mädchen aufs Abitur vorbereitet wurden, eine freudige Schule. Im Gegensatz zu den strengen und harten Schulen, die eigentlich die Mehrzahl waren, hatte sie beschlossen, die Schule zu einem erfreulichen Ereignis im Alltagsleben zu machen. Es ist ihr auch gelungen.

Diese Frau Dr. Schwarzwald, eine frühe Doktorin, mietete im Salzkammergut jedes Jahr ein leeres Hotel, ein leeres Kinderheim - ich weiß nicht, was es war - am Kopf des wunderschönen Grundlsees. Da lud sie alle ihre Freunde ein, zum Selbstkostenpreis ihre Ferien zu verbringen. Da waren ungewöhnliche

Leute, von denen man auch jetzt noch viele kennt: Schönberg und Kokoschka; Freud lebte direkt unten drunter in einer Villa; wirklich unerhörte Leute und dazu sehr viele junge Menschen aus Österreich und Deutschland und darüber hinaus.

Mein Bruder, der damals in Wien studierte, sagte: Da mußt du hin! Meine Mutter, die ich eben so demokratisch und liberal geschildert habe, war noch ziemlich streng, was mich anging. Sie wollte nicht, daß ich da allein hinfuhr, zu all diesen jungen Männern und jungen Mädchen.

Es erschien Helmuth James von Moltke

Wie alt waren Sie damals?

18, und meine Mutter sagte – typisch für sie: »Du kannst mit, aber ich komm auch mit.« So fuhren wir damals, noch im Auto, zu dritt ins Salzkammergut: mein Bruder, meine Mutter und ich. Da erschien sofort Helmuth Moltke[4], und meine Mutter, die sehr viel Fürsorge auf mich verwandte, hatte überhaupt keinen Einfluß auf das, was dann geschah. Denn dann fing das gute Leben mit Helmuth Moltke an; das war 1929, wie Sie ganz richtig sagen.

Wie wurde der Kontakt dann aufrechterhalten?

Mit Briefen; Briefe sind wirklich mein Schicksal. Briefe sind heute mit den interessanten Medien nicht mehr so wichtig, fast nicht mehr möglich. Aber ich bin gerade am Ende der Zeit des Briefeschreibens und habe wirklich noch Tausende von Briefen empfangen und geschrieben. Das fing mit meinem Mann damals, 1929, schon an. Ich zitterte, kann ich nur sagen. Als ich von Grundlsee wegging, habe ich mir überlegt: Krieg ich nun einen Brief? Finde ich nun etwas in Köln? Tatsächlich, als ich ankam, lag da der erste Brief meines Mannes.

Er war damals schon Referendar, wollte eigentlich sein eigenes Leben aufbauen. Aber dazu kam er nicht, weil er schon im Herbst von seinem Vater gerufen wurde, das völlig verwirtschaftete Gut zu übernehmen, welches vor der Zwangsversteigerung stand. Da mußte er nach Kreisau – weg von seinen eigenen Plänen, die in Berlin vor sich gingen. Dann hat er tatsächlich zwei Jahre nichts anderes getan, als dieses Gut wieder in Ordnung zu bringen, was ihm auch gelungen ist.

Es war ein schöner landwirtschaftlicher Betrieb, wie es sie früher gab, ganz variiert mit Vieh, verschiedenen Getreiden und Zuckerrüben; wirklich ein sehr anziehendes Lebewesen, so ein Betrieb. Etwa 60 Personen haben darin gearbeitet; es hatte Wiese, Wald. Das wußte ich damals noch nicht. Jedenfalls begleitete ich zu dieser Zeit schon meinen Mann mit Briefen. Er schrieb einmal in der Woche seine Sorgen, und einmal in der Woche schrieb ich wieder zurück. Die Briefe habe ich alle noch, und die sind natürlich nicht veröffentlicht.

Mein Mann war damals ganz lebensunlustig. Er hat viel vorausgesehen und sich Sorgen gemacht über die Zukunft von Deutschland, schon damals. Er hatte das Gefühl: Man zieht sich eigentlich besser vom Leben zurück und tut nichts.

Darin habe ich ihn gestört. Es ist mir gelungen, ihn in das Leben hineinzubringen, was er wirklich vollkommen erfüllt hat. Es ist ein sehr kurzes Leben gewesen, aber ein vollkommen erfülltes Leben. Das werde ich Ihnen dann noch später erzählen, wenn wir dahin kommen.

Sie sagen, Sie haben ihn gestört. Wie haben Sie das gemacht?

Das kann ich nicht beantworten. Das weiß ich selber nicht. Aber ich hab's gemacht. Das liegt in meiner Natur. Daß wir Mann und Frau waren – das spielt eine gewisse Rolle, wie Sie wissen –, hat auch damals eine gewisse Rolle gespielt.

Wann sind Sie das erste Mal nach Kreisau gekommen?

Ganz bald, 1930 im Frühjahr; 1929 im Sommer haben wir uns kennengelernt. Wieder sagte meine Mutter: »Das kannst du doch nicht machen, allein zu den Moltkes nach Schlesien fahren!« Sie hat mir den jüngeren Bruder Hans mitgegeben. Da hat sie aber den Bock zum Gärtner gemacht. Jedenfalls haben wir herrlich da gelebt; es war wunderschön in Kreisau. Es war zwar alles so, wie es die Deutschen heute nicht ertragen können, nämlich etwas runtergekommen; aber es war wunderschön. Es ist ein wunderschönes Land da in Mittelschlesien.

Was haben Sie damals gemacht? Hatten Sie schon begonnen zu studieren?

Nein, nein. Das liegt noch vorher. Ich hatte die Schule schon mit 16, eigentlich aus Faulheit, verlassen. Ich dachte: Ach, so lange in die Schule zu gehen! Was soll ich damit anfangen? Ich hab kurz verschiedene Sachen gemacht. Dann hatte meine Mutter mir zugeredet, eine landwirtschaftliche Frauenschule zu besuchen. Das habe ich auch getan, in Thüringen, Löbichau, eine Reifensteiner[5] Schule. Da habe ich allerlei gelernt. Aber dort merkte ich eigentlich erst, wie leicht ich lernte. Da habe ich mir gedacht: Das hat doch keinen Sinn. Ich muß ein bißchen mehr lernen. Nachdem ich mit der Schule fertig war, habe ich das Abitur privat nachgemacht; ein halbes Jahr später als meine frühere Schulklasse in Köln.

In welchem Jahr?

Das war 1930. Ich habe mich auf das Abitur vorbereitet, als ich Helmuth in Grundlsee kennenlernte. Das hat dann noch ein bißchen gedauert. So sehr zielbewußt, karrierebewußt bin ich nie gewesen. Heute darf man das gar nicht laut sagen mit all den Frauen, die das so vorzüglich machen. In dem Sinne war ich wirklich noch ganz uninteressiert. Aber ich hatte eben das Glück, immer nur mit Männern zu tun zu haben, die ich achtete und bewunderte und die mir Freiheit ließen. Meine Schwestern haben unter ganz anderen Männern gelitten. Ich kann jetzt gut verstehen, daß sie diese Befreiung nötig hatten, die mir in den Schoß fiel. So ist es wirklich gegangen.

Wie kam das dann zusammen, der Entschluß zur Heirat und der Entschluß zu studieren?

Studiert habe ich dann gleich, nachdem ich mit dem Abitur fertig war. Damals war von Heirat noch keine Rede. Ich sagte schon, daß mein Mann das Leben ernst ansah und mir auch immer sagte, er gedächte nicht zu heiraten. Schon früh hat er mir das gesagt, und ich habe gemeint: Na ja, und? Ich dachte auch nicht ans Heiraten. Ich habe gedacht: Ich studiere, dann kommen interessante Sachen; es wird sich alles finden.

Dann kam das Schöne. Meine Schwiegermutter war eine Südafrikanerin aus einem freiheitlich gesonnenen Haus, was man nicht glaubt, wenn man an Südafrika denkt; aber das war der Fall. Fast war es tragisch, daß diese Südafrikanerin als einziges Kind ihrer Eltern nach Deutschland geheiratet hatte. Die Eltern hatten natürlich Sehnsucht nach ihrer Tochter. Alle zwei Jahre fuhr meine Schwiegermutter ihre Eltern besuchen. So ein Jahr kam heran, und da schrieb mir mein Mann plötzlich einen Brief, mitten im Sommer. Da stand drin: »Meine Mutter geht jetzt weg. Niemand ist da, der auf meine jüngeren Geschwister aufpaßt. Wir müssen heiraten!«

Es war etwas überraschend für mich. Aber da ich genau wußte, daß das Wichtigste für mich war, in der Nähe dieses Menschen zu leben, daß ich mir nichts anderes mehr wünschte, so habe ich natürlich keinen Moment gezögert. Ich bin wirklich nach Schlesien gegangen mit der Aufgabe, das Haus meiner Schwiegermutter zu übernehmen und die beiden jüngeren Geschwister, die noch in die Schule gingen, mitzubetreuen. So fing das an.

Ich heiratete als armes Mädchen

Das war die Zeit der Weltwirtschaftskrise und deren Auswirkungen in Deutschland. Hat diese Weltwirtschaftskrise auch Ihr Elternhaus betroffen?

Ja, sehr, sehr stark sogar. Ich habe schon gesagt, daß mein Vater Bankier war. Es war eine kleine Privatbank – die hatte schon mein Urgroßvater gegründet –, und mein Vater war ein Mann, der immer die Industrie unterstützte. Das heißt, daß man Kredite gibt an Unternehmen, die sie nötig haben. Dazu muß man Vertrauen haben, wie überhaupt Vertrauen in der Wirtschaft eine enorme Rolle spielt.

Mein Vater hatte in dem Punkt ungerechtfertigtes Vertrauen. Viele dieser Firmen, in denen er sich engagierte, gingen pleite. Die waren am Ende ihrer Kräfte. In dem Jahr, in dem wir heirateten, wurde die Bank geschlossen.

Ich heiratete als armes Mädchen. Ich war durchaus betroffen von der Wirtschaftskrise. Wir lebten eigentlich wie zwei Studenten: Er hatte nichts, ich hatte wenig. Aber es reichte zum Leben. Er hatte das Deputat von Kreisau. Viel Geld hatten wir nicht; aber es lebte sich sehr gut.

Sie haben also 1931 geheiratet. Wo haben Sie dann gelebt?

Da haben wir das erste halbe Jahr, bis meine Schwiegermutter wiederkam, in Kreisau gelebt. Aber mein Mann hatte den Assessor noch nicht, und das letzte Jahr der Assessorausbildung hat er in Berlin gemacht. Es gibt Stationen, die man als Referendar durchmachen muß. Er hatte sich ausgedacht, daß er an dem Oberlandesgericht Berlin, dem Kammergericht, am liebsten Referendar sein wollte. Dann habe ich auch wieder die Universität besucht, von Kreisau aus in Breslau und in Berlin. So habe ich das noch fertiggemacht.

Sie haben dann also in Berlin gelebt. Warum haben Sie Ihr Studium mit einer Promotion abgeschlossen?

Ich hatte dann genug Semester, und wir hatten eine Reise nach Südafrika gemacht, um die Großeltern zu besuchen.

Wann war das?

Die erste Reise war 1934. Am 30. Juni 1934, dem Tag des Röhm[6]-Putsches, waren wir in Südafrika. Das hat bei uns einen tiefen Eindruck hinterlassen. Für das Assessorexamen hatte mein Mann von seinen Großeltern eine Reise nach Südafrika geschenkt bekommen. Als wir wieder zurückkamen, mußte mein Mann sich entscheiden, wie er sich zum »Dritten Reich« stellen wollte.

Über unsere Einstellung gegenüber den Nationalsozialisten hat es nicht eine Minute Zweifel gegeben. Das gilt auch für meine Familie. Übrigens, mein Vater war schon gestorben, drei Tage nach meiner Hochzeit in Köln. Aber meine Mutter, meine Brüder dachten genau wie wir. Wir waren von vornherein gegen den Nationalsozialismus.

Nun mußte mein Mann sich überlegen, wo er denn eigentlich das tun konnte, was er tun wollte, nämlich zunächst mal nur den Opfern des Nationalsozialismus helfen, ihnen beistehen. Er hatte »Mein Kampf«[7] gelesen und sagte: Der macht alles, was in dem Buch steht. Also, raus müßten die jüdischen Freunde! Wir hatten sehr viele jüdische Freunde. So hat mein Mann sich in Berlin niedergelassen als Rechtsanwalt, hat ein Büro aufgemacht.

Wieder kommen Briefe; denn nun kam ein wirklich tragisches Ereignis im Leben der Familie Moltke, nämlich diese geliebte südafrikanische Mutter starb plötzlich nach der nächsten Südafrika-Reise, 51jährig. Nun waren die jüngeren Geschwister meines Mannes – er war der Älteste – und mein Schwiegervater sehr verlassen. Kreisau lief schon so gut, daß mein Mann sich erlauben konnte, als Anwalt in Berlin zu bleiben. Aber die Last fiel auf mich. Ich muß schon sagen, die Last zuerst. Das wurde zwar nachher zur Freude, aber zuerst war es doch für mich eine Last, nach Kreisau zu gehen. Das passierte 1935.

Wir wählten Thälmann

Ich würde gern noch einmal zurückgehen in die Zeit vor der Machtergreifung Hitlers. Können Sie sich erinnern, wann Sie das erste Mal gewählt haben und wie Sie gewählt haben?

Das ist eine ganz schwierige Frage. Damals wählte man noch mit 21, und ich war 20, als ich heiratete. Also kann ich erst in Schlesien und Berlin gewählt haben, und das fiel sehr schnell in die Nazi-Zeit. Ich habe 1931 geheiratet. Dann kam nur die eine Wahl von Hindenburg[8] ...

Das ist diese Wahl, von der Sie berichtet haben, daß Ihr Mann damals Thälmann[9] wählen wollte.

Und ich auch wahllos mitwählte. Aber das ist typisch, daß ich vollkommen sein Urteil annahm. Er sagte nämlich: »Das ist eine Katastrophe, Hindenburg ein zweites Mal zu wählen. Der ist senil, und er wird dann nicht mehr vernünftige Entscheidungen treffen; wen kann man dann noch wählen?« Die übrigen Kandidaten waren alle durchaus nicht verlockend, und Thälmann war natürlich auch nicht verlockend. Aber mein Mann – wie er wirklich so war – schockierte gerne. Das tat er sehr gern; diese Wahl von Thälmann war eine Schockierwahl.

Als das Gut total bankrott war, mußte ein neuer Verwalter gewählt werden, die Details brauche ich Ihnen nicht zu schildern. Mit diesem Mann, der sehr selbständig war, hat mein Mann immer gut zusammengearbeitet. Aber der wurde Nationalsozialist; er war Parteimitglied. Das war uns sehr nützlich später, weil er noch Respekt und Zuneigung zu uns hatte und deswegen uns niemals preisgegeben hätte. Es wurde immer sehr diskutiert, aber nichts Böses getan.

Dem hat mein Mann auch erzählt, Hindenburg könne man nicht wählen. Er wolle Thälmann wählen. Da hat dieser Herr Zeumer – ich muß ihn wirklich mit Namen nennen, denn das hat er verdient – gesagt: »Sie können nicht in Kreisau wählen; denn wenn hier zwei Leute Thälmann wählen, dann weiß das ganze Dorf, das können nur Sie und Ihre Frau sein. Sie müssen in Berlin wählen und sich die Unterlagen für eine Briefwahl geben lassen.«

Das haben wir auch gemacht. Wir haben in Berlin Thälmann gewählt. Das war wirklich verrückt. Wir waren keine Kommunisten, sind nie Kommunisten geworden oder gewesen; aber das war damals sozusagen schon eine Widerstandstat meines Mannes.

Als die Nationalsozialisten wirklich an die Macht kamen, was für eine Zukunftsperspektive sahen Sie für sich?

Ich möchte Ihnen erzählen, was am 30. Januar 1933 bei uns vorgegangen ist, wir hatten nämlich den früheren Landrat von Waldenburg zum Mittagessen eingeladen. Waldenburg liegt in Schlesien, ist ein Kohlenbezirk; Steinkohlenbergwerke gibt es da. Mein Mann hatte mit dem Landrat, einem Sozialdemokraten, sehr eng zusammengearbeitet. Der Landrat hatte seinen Beruf gewechselt und war privat geworden.

Er kam zu uns zum Mittagessen und sagte: »Ach, das ist ganz gut, daß die Nationalsozialisten an die Regierung kommen; denn das wird dann so wie mit jeder Regierung. Die arbeiten sich tot, und dann werden sie ersetzt. Dann gibt's wieder eine neue Regierung, und dann haben die sich mal abgewirtschaftet, die Nazis.« Da rief mein Mann: »Wie können Sie so etwas sagen? Das ist eine Katastrophe erster Klasse, was jetzt passiert ist, und dann sagen Sie so was!« Daran erinnere ich mich. So fing die Sache an.

Für meinen Mann gab's eben nur eins, sich einzusetzen gegen die Nazis. Wie man das machen konnte? Das konnte man zuerst überhaupt nicht. Man konnte es wirklich nur, indem man den Opfern half, und das tat mein Mann. Ich kam gar nicht zum Zuge; denn ich ging dann nach Kreisau, und in Kreisau waren wir so beheimatet und bekannt, daß wir als Gegner der Nationalsozialisten nicht angefeindet wurden, lange Zeit gar nicht. Kreisau ist ein kleines Dorf. 400 Personen lebten damals da; das waren zum Teil kleine Bauern.

Als Landfrau nach Kreisau

Wie war die Situation 1935, als Sie dorthin zurückkamen?

Da hatten wir natürlich den Nationalsozialismus, der hatte schon ziemlich gleichgeschaltet. Infolgedessen waren die meisten Bewohner von Kreisau Nationalsozialisten geworden. Aber sie wußten im Grunde nicht so recht, was das war, und glaubten alles, was ihnen gesagt wurde. Sie verstanden uns nicht. Man hat nie Zweifel darüber gehabt, daß wir keine Nationalsozialisten waren. Übrigens hat man zeitweise gedacht, ich wäre Jüdin, was ich nicht bin. Sie suchten irgendeinen Grund. Sie konnten nicht verstehen, warum wir dem nicht folgten, was der herrliche Führer sagte. Aber sie waren nicht feindlich gegen uns, und das hat lange angehalten.

Es war eine gemischte Bevölkerung. Der große Gutshof trug sich nachher, als er wieder ordentlich lief, selbst und fing sogar an zu verdienen. Das galt aber nicht für die kleinen Bauern, die dort lebten. Die hatten es schwerer, genug zu verdienen. Viele von diesen Leuten gingen nach Schweidnitz, in die Kreisstadt, zur Arbeit oder Teilzeitarbeit. Es war also eine ganz gemischte Bevölkerung; natürlich viele Nationalsozialisten dabei, und da gibt es eine schöne Anekdote:

Wir hatten eine alte Bäuerin als Köchin. Sie war gar keine gute Köchin, aber eine wunderbare Seele. Überhaupt, wunderbare Menschen habe ich als Rheinländerin in Schlesien kennengelernt. Diese Frau, die als Bäuerin leben wollte, war erst ganz glücklich, als die Moltkes arm waren und aus dem großen Haus in das kleine Haus zogen. Da konnte sie wieder wirtschaften wie in einem Bauernhof. Mit ihr war mein Mann nah befreundet, und sie begrüßten sich immer, als es mit »Heil Hitler« anfing, »Heil Märkert«, so hieß sie, und »Heil Moltke«. So redeten sie sich gegenseitig an. Diese Bäuerin sollte in die NS-Frauenschaft eintreten und tat das nicht. Da fragten die Dorffrauen, die Honoratiorenfrauen, die da ihre Kränzchen hatten: »Aber warum kommt die Mamsell denn nicht? Warum geht die nicht in die Frauenschaft?« Und da sagte unsere gute Mamsell zu diesen Frauen: »Herr von Moltke sagt, Hitler bedeutet Krieg.« Darum trat sie nicht ein.

Also, über unsere Ansichten hat nie jemand einen Zweifel gehabt, und trotzdem ist es mir speziell – muß ich doch sagen, weil ich am meisten dort war –

nie schlecht gegangen. Man konnte nicht viel gegen uns sagen. Die Leute waren der Meinung, man müßte einfach leben. Es waren da auch ganz vernünftige Sachen, wenn nicht das schrecklich Kriminelle dazugekommen wäre. Vieles, was die Menschen wirklich gern hörten und taten, kam auf, aber dazu die gräßlichen Theorien und die schrecklichen Folgen für die Menschheit und die ganze Ideologie des Nationalsozialismus. Die war total falsch, schlecht und böse und falsch. Aber das sahen die Leute nicht. Die Leute sahen ganz andere Sachen. Von denen konnte man verstehen, daß sie daran glaubten, nicht wahr? So haben wir gelebt. Aber dann – zum Beispiel – sollte man »Heil Hitler« sagen. Das lösten wir, indem wir immer zuerst »Guten Morgen« sagten; damit war die Sache erledigt.

Eine Tante hatten wir dort; denn es gab in Kreisau eine richtige Großfamilie. Im Sommer wohnten viele Tanten dort, manche gingen im Winter nach Berlin; die sagten immer »Heil« und sonst nichts. Alles, was wir da taten und wie wir lebten, es konnte niemand Zweifel haben: wir waren keine Nationalsozialisten. Es gab auch nie eine Fahne. Da kam Herr Zeumer uns sehr zu Hilfe. Der hatte ein hübsches kleines Haus im Hof, und vor seinem Haus gab es natürlich eine Hakenkreuzfahne. Da konnte man nicht wissen, wer flaggte und wer nicht flaggte.

Sie sprachen von dem alten Haus und dem neuen Haus. Sie haben nicht auf dem eigentlichen Gutshof gelebt?

Nein, ich nicht. Ich habe nur einen Winter da verlebt, als wir noch nicht genau wußten, was aus uns wurde, mit so einer Tante. Aber meine eigentliche Familie lebte in dem kleinen Berghaus. Das war etwa so wie dieses Haus, in dem ich jetzt in den USA lebe. Es war etwas größer, aber auch ein Haus mit Kämmerchen – in jedem wohnte eins der Kinder – und hübschen Großräumen. Es war ein sehr schönes Haus zum Wohnen, das sogenannte Berghaus. Dort war die Familie Moltke 1928, als das Gut bankrott war und das große Haus nicht mehr beheizt werden konnte, hinaufgezogen. Da habe ich die ganze Zeit in Kreisau gelebt.

Haben Sie sich in Kreisau gut in die Rolle als Landfrau, Hausfrau und Mutter gefunden?

Ja, sehr leicht, wirklich. Mein Mann hat mich immer angestellt, mit Arbeit versorgt und nicht nur, was Sie aufgezählt haben, sondern auch zum Beispiel mit Buchführungsarbeiten. Dann hat er mich Tabellen der Waldenburger Arbeitslosen heraussuchen lassen. Er hat immer mit mir zusammengearbeitet. Außerdem hat er in den späteren Nazi-Jahren, vor dem Krieg, zu mir gesagt: »Jetzt mußt du lernen, deine Steuererklärung zu machen; denn lange lebe ich nicht.« Mit solchen schönen Sätzen hat er mich schon damals beglückt, ohne zu wissen, was aus ihm wurde.

Sie haben ja von 1935 an weitgehend getrennt von Ihrem Mann gelebt.

Ja, es geht eben nicht nach Zahl, es geht nach Qualität. Heute, mit 80 Jahren, habe ich ein Riesenteil meines Lebens mit meinem Mann gelebt. Wenn Sie den Zahlen, den Tagen und Wochen, nachgehen, ist es wenig. Aber ich habe das Gefühl, ich habe lange und gut mit ihm zusammengelebt, und da haben wirklich auch die Briefe eine Rolle gespielt.

Täglich Briefe

Diese Korrespondenz ist mit einiger Vollständigkeit von den Jahren 1939 bis 1944, bis zur Verhaftung im Januar 1944, veröffentlicht, und dann die letzten Briefe, die von dem Prozeß berichten. Wir haben also ein Bild von der Intensität dieser Korrespondenz aus diesen Jahren. Wie war das in den Jahren zuvor, also von 1935 an?

Wenn wir getrennt waren, haben wir täglich geschrieben. Jeder einen Brief. Mein Mann hat auch in den späteren Kriegsjahren immer, wenn er nicht geschrieben hat, fast einen Brief geschrieben. Ich habe manche Briefe gehabt, wo dann drin stand: »Heute kann ich nicht schreiben; es ist zu viel.« Mehr stand nicht drin.

Wie schnell kamen die Briefe an?

Sofort, binnen eines Tages zwischen Berlin und Kreisau.

In den Briefen steht viel von dem, was mein Mann unternahm. Es sind auch Namen drin, obwohl er anfing, eigene Namen zu erfinden. Die Menschen, die das jetzt lesen, sagen: »Wie konnte man in der Zeit solche Briefe schreiben?« Aber da die Briefe so schnell ankamen, wußten wir, daß sie nicht kontrolliert wurden. Wären sie zensiert worden, mit der Handschrift meines Mannes[10], hätten die Briefe so schnell nicht zu mir gefunden, und nur seine Briefe waren gefährlich. Meine Briefe waren völlig uninteressant. Ich habe da nichts reingeschrieben, nicht viel jedenfalls.

Sie alle verdanken es Feldmarschall Helmuth von Moltke[11], daß Sie in Kreisau leben konnten. Ihr Mann war sein Großneffe.

Ich glaube, sein Urgroßneffe sogar. Er ist 1800 geboren und 1891 gestorben. Das Gut Kreisau hat er selbst erworben und selbst ausgesucht nach dem Krieg gegen Österreich, der 1866 beendet worden ist. Er hat viel da gelebt und ist erst 1891 gestorben. Er hatte keine Kinder und eigentlich ein schweres Leben. Erst mit 40 hat er geheiratet und nur 20 Jahre glücklich mit seiner Frau gelebt. Dann ist sie gestorben; er hat sie in Kreisau in einer kleinen, häßlichen, aber schön gelegenen Kapelle offen beigesetzt. In einem Eichensarg stand sie da. Später ist er selber dahingekommen, seine Schwester auch.

Sein Erbe ging an seinen Neffen, und der war der Großvater meines Mannes, und zwar war das der älteste Sohn des älteren Bruders. So kam es an die Linie meines Mannes. Dieser folgte als letzter Besitzer nach dem Tode meines Schwiegervaters 1939. Dann haben wir Kreisau verlassen. Das ist die Geschichte.

Wir nannten ihn »Feldmarschall«, wobei die Betonung auf der zweiten Silbe lag. Warum, weiß ich nicht, aber so wurde das ausgesprochen. In dem großen Haus, das er natürlich bewohnte, gab es noch sein Arbeits- und Schlafzimmer; alles äußerst spartanisch und einfach, wie es seine Natur war. Es pilgerten viele Menschen nach Kreisau, um das Haus und die Zimmer zu sehen. Das wurde von der Familie gezeigt, und ich habe dann noch neue Mullgardinen aufziehen müssen, weil die alten so verschlissen waren. Es war eben das »Feldmarschallzimmer«. Das blieb bis zum Ende so.

In diesem Jahr war sein 100. Todestag. Sie haben mich einmal interviewt, und ich habe gesagt: »Ja, geschätzt wurde er sehr; aber er hat keine dominierende Rolle gespielt.« Wirklich nicht. Die waren befreit von ihm. Er war nicht eine Person, die sich über alle erhob. Das war sein eigenes Wesen nicht. Die Moltkes sind überhaupt – ich kann mir erlauben, das zu sagen, da ich in diese Familie reingeheiratet habe – eine höchst bescheidene und auch tolerante Familie. Sie haben sich nie etwas Besonderes herausgenommen, keiner von denen, die ich kannte. Wenn Sie lesen, wie der alte General war, da war der auch so. Das ist eine Familieneigenschaft, bescheidene Leute und tolerante. Das ist vor allem wichtig. Die ließen die anderen gelten.

Sie haben in Kreisau dann weitgehend allein gelebt?

Das gibt's da gar nicht. Auf dem Land gibt's kein »alleine«. Da gibt's immer Leute, die zu Besuch kommen und die Sommer verbringen, oder die Familie kommt nach Hause. Das Wort »alleine« wäre mir überhaupt nie für mich in den Sinn gekommen. Es war immer was los da. Ich war nicht alleine. Aber mein Mann war nicht immer da.

Sie haben also von Ihrem Mann weitgehend getrennt gelebt. Aber diese Trennung wurde überbrückt durch diesen intensiven Briefwechsel?

Später kam das Telefon dazu. Aber das Telefon hat immer die zweite Rolle gepielt. Im Krieg haben wir dann sehr viel telefoniert.

Diese Briefe wurden täglich geschrieben. Gehört nicht eine enorme innere Kraft dazu, täglich zu schreiben, die Freude daran und die Zeit dazu zu haben?

Überhaupt keine Kraft gehört dazu. Das gehört doch zum täglichen Leben genau wie Essen und Trinken, vielleicht nicht wie Essen und Trinken, aber wie andere Tätigkeiten, die man hat. Es gehört einfach zum Leben dazu. Wenn man Zeit für etwas haben will, dann kann man doch langsam dazu kommen, die Zeit auch zu haben. Im Grunde war das mein Leben und übrigens fast immer mein Leben. Denn ich habe nur kurz in Südafrika ein richtiges Berufsleben mit Stunden gehabt.

Ich habe immer meine Zeit einteilen können, wie ich es wollte, und das habe ich damals auch getan. Ich kann noch nicht mal sagen, daß ich immer zur selben Zeit geschrieben habe. Ich habe geschrieben, wann's gerade paßte, und sehr oft die Briefe selbst in den Zug gesteckt. Da bin ich noch zum Bahnhof gelaufen, vor allen Dingen während des Krieges. Diese Züge hatten alle Bahnpost und Schlitze. An diesem kleinen Bahnhof konnte ich einfach an den Zug gehen und einen Brief einstecken, und weg war er.

In Kreisau?

In Kreisau, ja.

Wie viele Briefe gibt es ...

Ach, das weiß ich nicht.

... die Ihnen Ihr Mann geschrieben hat, Hunderte, Tausende?

Mehr als tausend. Als mein Freund Michael Balfour in England das erste Buch über meinen Mann geschrieben hat – es war das erste, was veröffentlicht wurde –, da hat er mich zählen lassen; er hat gesagt, und deshalb ist er mir auch so sympathisch gewesen: »Es kommt nicht ganz drauf an, ob es stimmt. Zähl mal, wieviel du hast!« Da hab ich 1600 gezählt. Aber das sind dann auch wirklich alle. Ich habe auch welche dagelassen. Ich war ja sehr beschränkt mit dem Raum dessen, was ich mitnehmen konnte. Ich hab sie durchgesehen, schnell, und wenn nur stand: »Ich kann nicht schreiben«, oder es stand auch manchmal gar nichts in den Briefen drin, habe ich sie, eine ganze Reihe, zurückgelassen.

Wie haben Sie die Briefe retten können?

Ich habe sie in eine Schublade gesteckt, und wenn ein Jahr um war, dann habe ich die Schublade leer gemacht und wieder Briefe reingesteckt. Mein Mann hat meine päckchenweise mit nach Kreisau gebracht, so daß die dann alle auch dort waren. Ich habe meine in den Schubladen stecken lassen.

Als mein Mann nach Berlin ins Gefängnis Tegel kam, in den letzten vier Monaten seines Lebens, war der Gefängnispfarrer von Tegel ein Freund von uns. Er war ein politischer Freund und ein persönlicher Freund. Er gehörte in die Widerstandsgruppe. Dieser Mann, der unendlich viel zur Linderung der schrecklichen Verhältnisse tat, hat dann, wieder täglich, die Briefe – nicht nur für mich, sondern da lagen nachher noch andere seiner Freunde in Tegel im Gefängnis –, die hat er raus und mit nach Hause genommen.

Natürlich war mir nach dem Tod meines Mannes diese Korrespondenz am allernächsten und wichtigsten, diese Korrespondenz der letzten vier Monate, die nicht veröffentlicht und ganz unpolitisch ist. Deswegen hatte ich das Gefühl, ich hatte keine Verpflichtung, sie zu veröffentlichen – habe ich auch nicht, werde ich auch nicht –, das überlasse ich meinen Söhnen. Diese Briefe habe ich in meinen Bienenstöcken versteckt.

Mein Bruder Hans, einer meiner beiden Brüder, der oft in Oberschlesien zu tun hatte und sehr früh von Auschwitz wußte – noch vor meinem Mann –, diesen Hans habe ich noch mal gesehen, und er hatte mir gesagt: »Versteck die Briefe in deinen Bienenstöcken!«

Ich besaß nämlich Bienen, die ich mir erst im Kriege zugelegt hatte, und zwar aus dem praktischen Grund, daß wir keinen Honig kaufen konnten. Auch wir konnten solche Sachen nicht beschaffen, und wir haben nie den Schwarzen Markt benutzt oder nie etwas Illegales getan, was Essensvorschriften anging. Mein Mann sagte: »Wenn man Sachen macht wie wir, kann man den Nazis in kleinen Sachen keine Handhabe geben, uns als Kriminelle darzustellen.« Wir waren also außerordentlich exakt, was Milch, Butter, Eier und alle diese Dinge anging; so hatte ich auch keinen Honig. Ich habe aber meinen Mann weitgehend während des Krieges mit Lebensmitteln in Berlin versorgt, auch weil er so viele Mit-Konspiratoren ernährte, die zu ihm zum Essen kamen und froh waren, wenn sie eine ordentliche Mahlzeit bekamen. So habe ich dann das Beste, was ich hatte, nach Berlin transportiert oder geschickt. Deswegen also konnte ich diese Briefe, die mir so wichtig waren, in die Bienenstöcke stecken, die ich wegen des Honigs hatte. Ich habe sie erst rausgenomen, als ich weggegangen bin.

Praktischer Widerstand

Ich möchte jetzt zur Zeit des aktiven geistigen Widerstands kommen: Wir haben davon gesprochen, daß mit Beginn der Machtergreifung Hitlers Ihrer beider Überzeugung war, das einzige, was wir tun können, ist, den Menschen zu helfen, die unter dem Nazi-Regime leiden.

Das stimmt. Da müßte ich eigentlich doch noch mal unterbrechen. Sie sagen »geistiger Widerstand«, und diesem schönen Wort möchte ich doch eigentlich etwas entgegentreten. Mein Mann wird so leicht befördert in ein Gebiet, wo nur gedacht wurde und wo nur Geist und die Planung eine Rolle spielten, und da gehört er wirklich nicht hin. Denn er ist immer ein überaus praktischer Mensch gewesen und hat sehr viel praktisch geholfen. Ich möchte also dem widersprechen, daß es nur geistiger Widerstand war. Das war auch höchst praktischer Widerstand.

Wie entwickelte sich dieser praktische Widerstand? 1935 war das Jahr der Nürnberger Gesetze[12], *in dem sich die Situation zum Beispiel für die jüdischen Bürger und Bürgerinnen Deutschlands entscheidend und zunehmend verschlechterte. Welche Auswirkungen hatte das auf die praktische Arbeit bis zum Kriegsbeginn?*

Helmuth hat eigentlich unaufhörlich weiter geholfen, wo er konnte. Aber er mußte doch auch verdienen; denn aus Kreisau war nicht viel zu holen. Er hat als Anwalt in Berlin etwas verdient, nicht wie die Anwälte heute, die so viel verdienen, aber doch so, daß wir etwas hatten. Er hat also auch andere Sachen gemacht, die nicht politisch waren, und ich muß ihn auch nicht zu prinzipiell auf dem Gebiet schildern. Er hat so viel getan, wie er konnte. Er hat auch »arisiert«.[13] Es war ja eine Aufgabe für Juristen, Betriebe aus der Hand jüdischer Besitzer in die Hand nichtjüdischer Besitzer zu überführen. Auf diesem Gebiet hat er viel getan und versucht, möglichst gute Bedingungen für die jüdischen Menschen, die das Land verließen, herauszubekommen. Das hat er so lange gemacht, wie er konnte, bis zum Krieg.

Und wann begann das, was später als »Kreisauer Kreis« in die Widerstandsgeschichte eingegangen ist? Wann kam es dazu, daß sich gleichgesinnte Menschen zusammensetzten und überlegten: Was kann geschehen? Wie wird das Nazi-Regime enden? Was wird danach sein? Wann begannen dort intensive und kontinuierlich geführte Gespräche?

Wenn Sie sagen, intensive und kontinuierliche Gespräche, dann sage ich 1940. Das ist die richtige Antwort. Aber schon vor dem Krieg erinnere ich mich an Gespräche zwischen Freunden in Kreisau, in denen sie darüber redeten, woran es gelegen hat, daß es überhaupt so weit kommen konnte, und wie man Deutschland in eine demokratische Richtung orientiert, die hält. Denn die Weimarer Republik, deren Verfassung ich in der Schule lernte und für fabelhaft hielt, die hat nicht funktioniert. Das stand auf dem Papier, und mit den vielen Parteien und immer mehr Parteien hat es nicht funktioniert. Auch die Sache der Notverordnungen, wenn Sie sich erinnern: Brüning[14] hat ja jahrelang mit Notverordnungen, das heißt ohne Parlament regiert. Das hat eine korrumpierende Wirkung auf die Demokratie gehabt. Das soll doch niemals wieder passieren. Solche Sachen sind schon vor 1940 besprochen worden in unserem Hause.

Aber 1940 war der Höhepunkt der Erfolge der Nationalsozialisten, das war wirklich ein verzweiflungsvolles Jahr für Gegner des Regimes. Es sah so aus, als ob es den Nazis doch gelingen würde, den Krieg zu gewinnen, obwohl mein Mann das eigentlich fast nie geglaubt hat. Er hat gesagt: »Auf die Dauer werden wir besiegt.«

Sie wollen immer etwas über mich wissen. Ich kann aber von mir nicht erzählen, ohne viel von meinem Mann aus dieser Zeit zu erzählen. Er wurde dann auch Rechtsanwalt in England und hat versucht, den Engländern zu sagen: »Nun seid doch mal energisch gegen die Nazis. Nur so könnt Ihr sie vom Krieg abhalten.«

In welchen Jahren war Ihr Mann in England?

Von 1936 bis 1939 war er immer wieder in England. Dann kam schon die Krise mit der Tschechoslowakei. In der Zeit hat er immer wieder gesagt: »So geht das nicht weiter.« Der einzige, der das auch so sah in England, war Churchill. Die anderen dort sagten: »Wenn wir dem Hitler noch ein bißchen mehr nachgeben, dann ist er zufrieden, nicht wahr?« Und unsere Leute sagten: »Der macht's nie anders, der wird's weiter so machen.« So einen Herren haben wir jetzt im Irak. Der ist anders, die Lage ist anders; aber auch der macht immer weiter. Solche muß man auf irgendeine Weise loswerden; das Loswerden, das haben wir jetzt wieder gemerkt, ist wirklich sehr schwer.

Wie war Ihre Frage?

Der Kreisauer Kreis – spannungsvoll

Ich hatte gefragt, wann die kontinuierlichen Gespräche begannen?

Sie begannen 1940. Auf diesem Höhepunkt wirklicher Verzweiflung hat mein Mann gesagt: »Also jetzt, wo man denkt, es wird nie kommen, ist der richtige Zeitpunkt zu beginnen, sich vorzustellen, wie denn Europa, sehr früh ›Europa‹, aussehen soll und wie aus den Deutschen wirkliche Demokraten gemacht werden können.« Er hat vorsichtig angefangen, Menschen zusammenzubringen.

Diese Gruppe hatte von vornherein, wie an einer Ellipse, zwei Brennpunkte. Der eine war Peter Yorck von Wartenburg[15], und der andere war Helmuth Moltke; die haben dann auch ganz verschiedene Mitglieder mitgebracht. Peter Yorck war ein wunderbarer Mensch. Vor kurzem hat seine Frau Marion[16] gesagt, diese ganze Zeit zu durchleben, lohnte sich allein schon, weil wir diese wunderbaren Menschen kennengelernt haben. Da hat sie vollkommen recht.

Wie würden Sie Helmuth von Moltke und Peter Yorck von Wartenburg charakterisieren? Waren das unterschiedliche geistige Standpunkte, die aber doch zusammenkamen?

Wissen Sie, mein Mann war doch immer anders als die anderen. Man kann nicht sagen, dies ist nun ein typischer deutscher Gegner des Nationalsozialismus. Er war insofern nicht typisch, und das liegt sicher an seiner Mutter, daß er immer weniger ein Nationaldeutscher gewesen ist. Nun kann man sich bei dem Wort »patriotisch«, was ja auch ein sehr schwieriges Wort geworden ist, sehr verschiedene Inhalte vorstellen, und in dem eigentlichen Sinn des damals grassierenden Wortes war mein Mann nie ein Patriot. Er hat Deutschland immer schon in einer größeren Konstellation gesehen. Da hat sicher eine Rolle gespielt, daß seine Mutter von weither kam. Darum war er immer etwas anders als die anderen.

Die anderen, die Sozialisten, sogar so ein Mann wie Leber[17], haben immer gedacht, man muß die deutsche Ehre verteidigen. Mein Mann sagte: »Die deutsche Ehre ist sowieso im Eimer, um's deutlich zu sagen. Da ist nichts mehr zu machen. Aber wie wird das später?« Dies Übernationale, das haben die anderen alle nicht so ganz mitgemacht. In dem Sinne war er etwas anders als die anderen, und darum wählte er andere Leute. Dann war er immer links. Links und rechts haben im Laufe meines langen Lebens wirklich sehr verschiedene Farben angenommen; er hat doch, wir haben doch an den Sozialismus geglaubt.

Ich würde sagen, Peter Yorck war dem Sozialismus nicht so nah. Sie lernten voneinander, denn in Peter Yorck hat auch mein Mann das Nationale respektieren gelernt. Das ist eben eine ganz andere

Familie gewesen, und darum wurden dieser Gruppe ganz verschiedene Menschen zugeführt.

Das war die Stärke der Kreisauer Gruppe, daß da ein solches inneres Spannungsverhältnis bestand, obwohl sie eine gemeinsame Sache hatte; das macht die Gruppe für mein Gefühl auch heute noch interessant. Wenn alle das gleiche denken, setzen sie sich an den Tisch und schreiben das auf; das ist nicht viel. Heute kommt es darauf an, daß Leute, die verschieden denken, miteinander sprechen. Ich möchte es so einfach sagen, und darin war die Kreisauer Gruppe hervorragend.

Es waren richtige Kapitalisten dabei, Bankleute, sogar Abs[18] war dabei. Der wollte gern überleben, und darum hat er sich von der Sache etwas zurückgezogen. Es waren aber auch andere Leute: Blessing[19], später auch ein bedeutender Bankier in der Bundesrepublik, hat sich beteiligt. Es gab solche, die sehr intensiv und immer wieder den Kern bildeten, und welche, die etwas weiter rückwärts standen; Abs und Blessing waren solche Männer. Aber dann gab's andere, die waren strenge Sozialisten, wollten die Grundschätze der Bundesrepublik vergesellschaften, Kohle, Eisen, alle solche Sachen. Sie alle mußten sich miteinander über die Zukunft unterhalten. Das war sehr fruchtbar. Das ist immer fruchtbar.

So gab es in Kreisau mehrere Gespräche?

Es gab Hunderte von Gesprächen – immer zwei und zwei. Das Resultat wurde dann in etwas größerem

Kreis erörtert. Die großen Kreise konnte man sich nicht leisten, und die meisten dieser Gespräche wurden bei Yorcks in der Hortensienstraße 50 in Berlin durchgeführt. Das ist das Zentrum dieser Gruppe gewesen. Aber dreimal machten wir ein großes Wochenende[20], und daran nahm auch niemand Anstoß.

Sie haben mich vorhin gefragt, ob ich allein gewesen wäre. Es war immer voll, mal mehr, mal weniger; das gehörte einfach zu unserem Haushalt dazu. Da nahm niemand Anstoß. Das fiel gar nicht auf.

Da kamen sie eben zweimal Pfingsten und einmal im Herbst, so ein langes Wochenende, zwölf Personen ungefähr, aber von verschiedenen Richtungen; dann hat man zusammen etwas formuliert. Das haben sie aufgeschrieben, und das haben wir dann getippt und in die Nächte rein gesessen. Das wurde denen, die dahinter standen, gezeigt. Dann wurde es wieder besprochen, und so waren, etwa 1943, Grundsätze aufgeschrieben, und die haben überlebt.

Die bekamen Kritik. Es ist viel Utopie, und vieles ist auch nicht genau durchdacht. Sie waren ja alle keine Professionellen. Sie waren durch die Not und ihr eigenes politisches Interesse gezwungen, sich mit solchen Sachen zu befassen. Sie waren ja keine Staatsrechtler.

Also, in Kreisau fanden diese drei berühmten Treffen statt, aber dazu gehörten Hunderte von Vorgesprächen.

Genauso ist es.

Waren Sie die einzige Frau, die an diesen drei Kreisauer Treffen teilnahm?

Nein, nein, da war ich gar nicht die einzige Frau. Erstens war immer Marion Yorck dabei, dann die Schwester von Peter, Irene Yorck, und meine Schwägerin Asta, die auch in Schlesien wohnte.

Eine Schwester Ihres Mannes?

Die einzige Schwester meines Mannes, die mit uns lebte. Die hatte, als Kriegsarbeit, Arbeit in unserem Gutsbetrieb übernommen, und die war da. Sie hat auch zugehört, hat oft zugehört. Wir saßen dabei, ununterbrochen.

Die Frauen: Keine Angst

Haben Sie Angst gehabt?

Nein. Das habe ich nicht. Ich habe keine Angst gehabt. Das haben wir nicht. Man gewöhnt sich an den Zustand, daß man Sachen tut. Ich bitte Sie, alle Leute tun Sachen, die nicht erlaubt sind. Es kommt nur auf den Grad an. Wenn wir alle nur täten, was die Polizei vorschreibt, das wär doch unmöglich! Angst haben wir nicht gehabt.

Es war ja auch getarnt. Wir haben angefangen, über Kirche und Staat zu reden. Alle Leute haben gesagt: »Warum denn damit anfangen?« Ja, weil man das den Nazis gegenüber noch verteidigen konnte. Wenn die sagten: »Was habt ihr denn eigentlich gemacht?« Das ist doch sehr interessant, was wir da gemacht haben!

Wir haben zuerst über das Verhältnis von Kirche und Staat geredet. Dann wurde es natürlich gefährlicher. Aber inzwischen war nichts passiert. Doch zum Beispiel ein Mann wie Mierendorff[21], ein sehr wichtiger Mann, ein Sozialdemokrat und früherer Reichstagsabgeordneter, jahrelang im KZ gewesen und dann entlassen, der wurde so überwacht, daß es nicht möglich gewesen wäre, daß er nach Kreisau kommt. Der ist nicht gekommen. Theo Haubach[22], sein Freund, war da.

Ihr Mann hat in seinem letzten Brief an Sie geschrieben, daß Sie und er zusammen ein Mensch seien, ein Schöpfungsgedanke. Was immer wir als Außenstehende versuchen können, davon zu verstehen, eines, denke ich, gehört dazu, daß Sie ihn wohl nicht abgehalten haben, etwas zu tun, was gefährlich war.

Nein, er hat mich sogar gefragt, als er anfing damit. Das muß 1940 gewesen sein. Er hat sogar gesagt: »Das kann ich nicht machen. Ich muß wissen, wie du dazu stehst und ob du das billigst.« Da habe ich gesagt: »Voll und ganz.« Ich war wirklich den Nazis entgegengerichtet. Nur habe ich nicht viel Gelegenheit gehabt, im Gegensatz zu meinem Mann, praktisch viel zu tun.

Es ist eine schwierige Rolle, und das will ich sehr gerne Ihnen gegenüber sagen: Ich fühle mich doch vollkommen als aktive Gegnerin des »Dritten Reiches« und als Mitglied des Kreisauer Kreises, und ich bin überzeugt, wenn Sie Marion Yorck befragen, dann wird sie genauso antworten wie ich. Aber ich habe nicht sehr viel getan oder geplant. Da Planung die Haupttätigkeit dieser Gruppe als Kreisauer Kreis war, so gehören wir eben nicht dazu. Marion und ich haben es fast so etwas unter unserer Würde gefunden, uns sehr darum zu kümmern, daß wir in dem Sinne anerkannt werden. Aber ich finde doch, daß wir ziemlich stark dazugehörten. Insofern ist es gut, daß Sie mich das fragen.

Ich habe den Widerstand mitgetragen und ebenfalls Marion Yorck und ebenfalls Margret Trotha[23] und ebenfalls alle die anderen Frauen. Das möchte ich gleich für die auch sagen: Da war keine von denen, die nicht wußte – von denen, die ich kannte, ein sehr beschränkter Kreis –, die wußten alle, was ihre Männer taten, und waren alle damit einverstanden.

Ich denke, daß dies das Entscheidende und ganz viel war und daß dies Sie von vielen anderen Frauen unterscheidet, die ihre Männer von gewissen Dingen abhalten. Es gibt eine Briefstelle Ihres Mannes, in der er schreibt, wenn meine Frau gesagt hätte, ich soll das nicht tun, hätte ich es nicht getan.

Sagte er, aber ich glaube es nicht.

Sie glauben es nicht?

Nein, ich finde es wunderbar, daß er mich gefragt hat. Ich bin ihm immer noch dankbar dafür. Denn so schwer das alles schließlich war, zeitweise – nachher habe ich ja wirklich ein sehr gutes Leben gehabt –, aber so schwer das war, so habe ich das Gefühl, daß mein Mann wirklich sein Leben erfüllt hat. Davon kann man einfach einen Menschen nicht abhalten, und dies habe ich nicht getan.

Ihr Mann ist damals noch viel gereist.

Im letzten Jahr.

Das war 1943. Können Sie schildern, wie Sie die Monate bis zu seiner Verhaftung erlebt haben?

Es war Krieg, und ich war lokal überaus beansprucht. Da bekamen wir Bombenflüchtlinge. Das große Haus füllte sich wieder. Es ist ein riesiges Haus, und das füllte sich mit Familien, die Schutz vor den Bomben suchten. Es mußte wieder eingerichtet werden. Dann mußte ich mich um den Hof sorgen. Dann war mein Mann in Berlin zu besorgen. Dann waren die Briefe zu schreiben. Ich habe wirklich ein sehr, sehr arbeitsreiches Leben damals geführt.

Mein Mann hat dann noch mal in Schweden an einen Freund in England geschrieben. Der Brief ist nie hingekommen, weil die Schweden Hemmungen hatten, ihn weiterzugeben. Wir haben ihn erst 1970 in Schweden gefunden, und das ist das Beste, was mein Mann je geschrieben hat. Das ist in den meisten Büchern drin; denn da schildert er auch das Leben der Frauen im Krieg und daß sie wirklich so beansprucht waren, weil nichts zu kaufen war. Man mußte sich um alles kümmern. Es war etwa so, wie es in den Ostländern gewesen ist. Auf den Bildschirmen haben wir jetzt gesehen, daß man anstehen mußte, daß man nichts mehr kaufen konnte, und wenn man zum Arzt ging, mußte man warten.

Das ganze Leben hatte sich außerordentlich verkompliziert. Obwohl auch das in Kreisau nicht so schlimm war wie in der Stadt, so war ich doch außerordentlich beansprucht, mit dem Gefühl, daß ich damit meinem Mann den Teil abnahm, den er in Ordnung gehalten haben wollte. Für ihn spielte die Tatsache, daß in Kreisau alles ruhig lief, daß seine Kinder freundlich aufwachsen konnten, daß seine Kinder so klein waren, daß sie nicht in den Nazi-Rummel reinkamen, das spielte eine enorme Rolle.

Der Widerhall aus Kreisau, wie mein Mann ihn damals gespürt hat, das ist meine Rolle gewesen. Die war eigentlich erfüllend, auch in dem Sinne, daß es schön war, das tun zu können, so daß ich da eigentlich nicht furchtbar schwere Zeiten hatte. Aber dann: Sorgen. Ja, natürlich, wenn man in solchen Zeiten lebt! In diesem Punkt bin ich nicht anders als eine Frau, die ihren Mann an der Front hatte. Die dauernde Lebensgefahr! Man lebte aber nicht in dauernder Angst. Fragen Sie doch mal die Frauen, die ihre Männer in den Krieg geschickt haben, auch so arme Frauen, die ihre Männer verloren haben! Sie haben alle nicht in täglicher Angst gelebt, und anders war mein Zustand auch nicht. Ich habe nicht Angst gehabt.

Mein Mann hat mal Freunde in Dänemark besucht; hat in Dänemark ganz schön geholfen. Er ist zwar nicht der gewesen, der die Juden dort gerettet hat, sondern Herr Duckwitz[24], weil der genauso dachte wie mein Mann. Er war da als Diplomat; mein Mann kam ein bißchen später. Beide haben die Dänen gewarnt, die Juden stünden vor einer Razzia. So haben die sich alle abgesetzt. Es ist eine minimale Anzahl jüdischer Menschen in Dänemark in die Hände der Deutschen gefallen. Das hat mein Mann also auch getan, und da haben seine Freunde gesagt: »Hast du nicht immer Angst? Das muß doch schrecklich sein!« Das steht auch in einem Brief. Daraufhin hat er gesagt: »Man gewöhnt sich dran. Man gewöhnt sich dran!«

Als ich einen Preis für das Buch[25] bekam, eigentlich für meinen Mann...

... den Geschwister-Scholl-Preis 1989?

... den hat mein Mann für seine Briefe bekommen. Zu diesem Anlaß hat Klaus von Dohnanyi[26] eine wunderschöne Rede gehalten und geschildert, wie anders das bei seinen Eltern war. Das ist genau dieselbe Lage. Frau Dohnanyi war eine geborene Bonhoeffer[27]. Keine Familie hat so viele Mitglieder verloren wie die Familie Bonhoeffer im Kampf gegen die Nazis. Dohnanyi[28], ein Richter am Reichsgericht, hat in der Abwehr mitgearbeitet. Mein Mann traf ihn da, wollte ihn heranziehen, und er hat das auch versucht und getan. Es habe immer eine Atmosphäre der Angst und der Verzweiflung bestanden, so Klaus von Dohnanyi. Er sagte: »Der Widerstand für mich als heranwachsenden Jungen war schrecklich.« Das war bei uns und auch bei den anderen Kreisauern nicht so. Ich habe das bei niemandem erlebt.

Schöne Zeiten

Wie haben Sie und Ihr Mann einander sehen können in den Jahren 1942/43 bis Januar 1944, als er verhaftet wurde?

Als der Krieg anfing, konnte er nicht reisen. Zu dieser Zeit war er immer in Berlin. Er war als Spezialist für Völkerrecht im OKW eingezogen; er hatte sich darum bemüht. Seine Anwaltspraxis war auf internationales Privatrecht spezialisiert. Ein sogenanntes öffentliches Recht über die Nation hinaus war noch ziemlich dünn. Aber was es da gab, beherrschte er. Er wurde dann wegen des Kriegsrechts – es gibt auch

Kriegsrecht, das wissen Sie: das Rote Kreuz und wie man Gefangene behandeln soll; darüber wußte er genau Bescheid –, deswegen wurde er als Experte in das OKW eingezogen und hat dort eine ziemlich segensreiche Tätigkeit angefangen.

Das war in der Abteilung Abwehr von Canaris[29]?

Canaris' »Abwehr« hatte eine besondere Abteilung »Ausland«, und darin war mein Mann tätig. Das erste Jahr konnte er überhaupt nicht weg. Ich bin zu vielen Wochenenden nach Berlin gefahren. Das konnte ich, weil meine Schwägerin Asta, die einzige Schwester meines Mannes, in Kreisau war. Es gab viele Leute, und ich konnte meine zwei Söhne – die waren ja damals noch sehr klein – ruhigen Gemüts ein paar Tage in Kreisau allein lassen. So fuhr ich zu meinem Mann. Das habe ich oft getan. Aber er hatte immer die große Sehnsucht nach Kreisau. Als man sich dann an den Krieg gewöhnte – so schrecklich das klingt –, ließ man ihn – da sagte er, ich muß mich um meine Wirtschaft kümmern – zum Wochenende manchmal nach Hause. Weihnachten war er immer da. Das waren dann die schönen Zeiten. Die gingen durch den ganzen Krieg. Er kam immer wieder. Das sind die Lücken in den Briefen.

Helmuth verhaftet

Im Januar 1944 wurde Ihr Mann verhaftet. Er war zuerst in Berlin in Haft und dann in Ravensbrück. Wie vollzog sich der Kontakt zwischen Ihnen?

Er wurde verhaftet wegen etwas, das gar nicht mit seiner Tätigkeit zu tun hatte. Bis zum 20. Juli wußte die Gestapo nicht, daß er – von ihrem Standpunkt aus – hochverräterische Tätigkeiten betrieb. Aber er wurde verhaftet, weil er einen Freund gewarnt hatte. Natürlich hatte er ein großes Netz von Beziehungen mit Gegnern des Nationalsozialismus. Von diesem großen Netz habe ich nichts gewußt. Er hat mich nur teilnehmen lassen, wo ich auch wirken konnte, das heißt, wenn er zum Beispiel neue Mitglieder in den Kreis brachte. Dann hat er sie mir vorgeführt und gesagt: »Sieh dir den doch mal an! Was denkst du von dem?« Denn er hielt was von meinem Urteil über Menschen. Ich fand, sie waren alle sehr gute Leute. Ich habe diese Menschen nicht kritisiert. Aber mein Mann wußte viel mehr und kannte viel mehr Leute.

So hatte ihn jemand, der in der Polizei arbeitete und ein Gegner der Nazis war, wissen lassen, daß eine bestimmte Gruppe Anti-Nazis geschwatzt hatte; ich muß es leider so sagen. Die hatten beim Tee Reden geführt, die gegen die Nazis waren, und es war ein Spion dabei gewesen. Nun waren sie alle in Gefahr, verhaftet zu werden. Davon hörte mein

Mann und gab das an ein Mitglied, O. K. Kiep[30], weiter, den er gut kannte. Der wurde verhaftet und hat, wahrscheinlich unter Tortur, den Namen genannt, daß er gewarnt worden wäre; so kamen sie auf meinen Mann. Deshalb haben sie ihn verhaftet. Das nannten die Nazis Schutzhaft, und es ist keine Frage, daß die Gestapo, der SD, die SS die ganze »Abwehr« der Armee nicht schätzten. Die Armee hatte immer darauf bestanden, sie müsse ihr eigenes Spionagesystem haben. Dort saßen Leute, die den Nazis nicht genehm waren, das wußten sie ganz genau. Wo sie an die rankommen konnten, sind sie rangegangen. Das war ihnen sicher sympathisch, daß sie meinen Mann da weggeholt haben. Aber was er gemacht hatte, haben die Nazis erst nach dem 20. Juli gemerkt.

Dann haben mich mein Schwager Joachim Wolfgang und Peter Yorck angerufen. Ich erwartete durchaus nicht, daß man ihn verhaften würde. Ich hatte eine ganz lange Leitung. Peter sagte, Helmuth habe plötzlich verreisen müssen. Da er wirklich oft reiste, habe ich gesagt: »So?« Ja, es sei auch nicht sicher, wann er wiederkäme. Da wußte ich, was passiert war, und bin sofort nach Berlin gefahren.

Ich habe ihn gesehen, und das muß ich gerechterweise sagen: Weil er den Namen des Feldmarschalls trug und der legale Nachkomme war, hatten die Nazis Respekt vor ihm. Sie waren dann ganz anders als die Kommunisten. Sie waren für das Nationale und die großen nationalen Helden. Deswegen haben sie ihn verhältnismäßig gut behandelt. Nach dem 20. Juli, als sie ihn genau kannten, haben sie ihn auch nicht gefoltert. Das haben sie nicht gemacht.

Immer habe ich gesagt, ich kann den Betrieb nicht alleine machen, ich muß meines Mannes Rat haben, und bin dann immer mit den Büchern angereist, die wir aber gar nicht benutzt haben. Ich habe ihn zuallererst in der Prinz-Albrecht-Straße gesehen. Dann wurde er nach Ravensbrück verlegt, weil die Prinz-Albrecht-Straße schwer bombardiert worden war. Es ist erstaunlich, daß er dieses Bombardement überlebt hat; vor seinem Fenster, da im Keller, lag ein Blindgänger. Er hätte damals schon glatt sterben können.

Dann ist er aber nach Ravensbrück gekommen. Nun kamen die monatlichen Besuche. Ich durfte auch schreiben, und sie haben ihm die Briefe immer gegeben. Er durfte nur ganz kurz antworten – das war auf so und so viele Zeilen beschränkt; aber die Briefe kamen noch regelmäßig von Januar bis Juli. Die Gestapo-Leute kannte ich dann von meinen Besuchen; sie waren immer freundlich zu mir.

Er trug noch seine eigenen Kleider. In der zweiten Auflage[31] ist ein sehr schöner Bericht über Ravensbrück, den ich in der ersten Auflage, weil er zu den Gefängnisbriefen gehörte, nicht hergegeben habe. Dann meinte meine amerikanische Herausgeberin: »Der Sprung zwischen dem Leben Ihres Mannes und den allerletzten Briefen kann keiner nachvollziehen. Können Sie nicht irgendwas noch hergeben?« So fand ich zwei Sachen, die jetzt drin sind. Das eine ist der Bericht aus Ravensbrück, und das andere ist ein Bericht, der auch interessant ist, der letzte Brief im letzten Jahr.

Das Gefängnisleben hat seine zwei Seiten. Wenn man das von außen besieht, kann man sich das nicht vorstellen. Da gibt's Freunde und Hilfen. Die hatte er auch schon in Ravensbrück. Es ging ihm da gar nicht so schlecht. Wir trafen uns immer in der Polizeischule Drögen. Dorthin wurde er mit dem Auto gefahren, und ich kam mit dem Zug dahin. Er brachte immer seinen Tee mit, den er von mir hatte, und sagte: »Ach, meine Frau ist so lange gereist. Vielleicht sind Sie so freundlich und machen ihr etwas Tee!« Das machte die Gestapo dann auch. Wir saßen dann etwa zwei Stunden in der Ecke zusammen. Das war in einer Baracke; die Gestapo-Leute arbeiteten an einem Schreibtisch. Wir saßen aber so weit weg, daß der Mann von der Gestapo nicht zuhörte, was wir redeten; später im Gefängnis Tegel war das anders. Wir konnten also sprechen. Ich hatte die Verwaltungsbücher des Gutes mitgebracht. Wir taten so als ob. Zwischendurch konnten wir eigentlich reden, was wir wollten. Da sagte ich zu ihm: »Das sind doch sehr freundliche Leute!« Da sagte mein Mann: »Nur, daß sie die Nägel abreißen!« Das war seine Antwort.

Eselsbrücken der Hoffnung

Der 20. Juli 1944 war dann der große Einschnitt für die Haft Ihres Mannes und für die Folgen der Anklage. Hatte er vorher Hoffnung, entlassen zu werden?

Ja, im Juli; und zwar sollte er nicht ohne Auflage entlassen werden, sondern er sollte in einer Munitionsfabrik arbeiten. Das war ihm sehr recht. Ich hatte wirklich Hoffnung, daß er entlassen würde.

Bei der SS ging es gar nicht bürokratisch zu. Die machten, was sie wollten. So sagten die Gestapo-Beamten zu mir: »Gehen Sie nicht wieder nach Drögen«, so hieß das, »da halten nur wenige Züge. Sie können bis Fürstenberg mit uns fahren. Dann bringen wir Sie zum Bahnhof und Ihren Mann wieder nach Ravensbrück.« So saßen wir hinten in dem Auto zusammen, hinten im Fond, und vorn saßen die zwei Gestapo-Leute. Da sagte mein Mann mir einmal: »Es ist zu unwahrscheinlich, daß ich aus dem Rachen des Löwen je wieder herauskomme. Ich kann es nicht glauben.« Das hat er mir einmal gesagt, und dann trennten wir uns; er fuhr nach Ravensbrück. Dann kam wieder ein Monat.

Wissen Sie, ich bin auch von Natur ein Mensch, der baut sich Eselsbrücken. Ich habe mir viele Eselsbrücken gebaut und war darin anders als mein Mann, der wirklich sah, was kam. Es waren Eselsbrücken der Hoffnung. Zu sagen, jetzt ist es erst mal so viel, und das genügt, dann sehen wir weiter. Aber es kamen dann doch wirklich Momente, wo keine Eselsbrücken mehr halfen, und gerade als wir uns noch in Drögen trafen und er dann nach Berlin verlegt werden sollte. Ich erhielt dann keine Nachricht mehr von ihm nach dem 20. Juli. Ich wußte vorher nichts vom 20. Juli. Nachdem mein Mann verhaftet war, wußte ich nichts mehr. Außerdem saß ich in Kreisau.

Sie wußten nichts von der Vorbereitung des 20. Juli?

Ich wußte nichts von der Vorbereitung. Ich wußte nicht, was die Leute noch taten, die zu unserem Kreis gehörten. Ich war in Kreisau. Allerdings fuhr ich immer via Yorcks nach Ravensbrück. Ich fuhr immer bis Berlin, schlief eine Nacht bei Yorcks und ging den nächsten Tag nach Ravensbrück. Sie haben mir aber nichts mehr gesagt. Dann stand's in der Zeitung! Sofort, als ich das sah, wußte ich, was das bedeutet. Der Peter Yorck stand da gleich mit drauf als einer derer, die verhaftet wären. Und der Stauffenberg[32] war umgekommen! Ich sah sofort, daß es schiefgegangen war.

Daraufhin wurde Ihr Mann also nach Berlin-Tegel verlegt?

Nein, nicht gleich. Er erlebte noch, daß viele seiner Freunde in Ravensbrück eingeliefert wurden. Es war das Gefängnis geworden, in welches die Nazis ihre politischen Gefangenen brachten. Er war im Gefängnisflügel des Frauen-KZ. Es war ein kleines Gefängnis gebaut worden für die Insassen von Ravensbrück, wenn sie straffällig wurden. Sogar Peter Yorck kam noch hin; der hat so laut gesprochen, als er da reinkam, daß Helmuth in seiner Zelle sofort wußte: Jetzt ist der Peter eingeliefert. So lange war er da noch, und ich habe ihn noch einmal gesehen. Am 8. August ist der Peter hingerichtet worden; ich bin, vielleicht in den ersten Augusttagen, noch mal in Ravensbrück gewesen. Dort habe ich ihn noch mal gesehen, und er hat mir gesagt, er würde mir schreiben. Er hatte sich einen Code überlegt. Er würde schreiben, es müßten 40 Morgen umgepflügt werden von einem bestimmten Teil von Kreisau. Das würde bedeuten, es wäre hoffnungslos. Je weniger Morgen, desto mehr Hoffnung; er hat mir geschrieben, 20 Morgen müßten umgepflügt werden. Da hatte er selber noch etwas Hoffnung.

Gefängnis Berlin-Tegel

Dann wurde mein Mann nach Tegel verlegt, und es kam keine Post mehr. Ich bin unbestellt nach Ravensbrück gekommen, ohne Erlaubnis; die hätte ich ja nicht bekommen. Ich bin einfach hingefahren; da saßen die Leute, die ich kannte, und sie sagten zu mir: »Ach, das ist aber günstig, daß Sie heute kommen. Ihr Mann ist heute nach Berlin verlegt worden. Hier sind seine ganzen Sachen, die können Sie gleich mitnehmen.« Ich wußte natürlich, was das bedeutet. Dann habe ich noch gefragt, wo er liegt, ob sie das wüßten. Sie haben gesagt, wahrscheinlich im Gefängnis Lehrter Straße.

Ich bin dann gleich zum Gefängnis Lehrter Straße, und dort war gerade eine wilde Bombennacht gewesen. Das »Dritte Reich« war entsetzlich; aber es ging auch manchmal menschlich zu. Das muß man erleben. Hier war nun wieder ein menschlicher SS-Mann. Dieser hat den Leuten, die im Gefängnis waren, viel geholfen und ist nachher selber umgekommen. Er sagte zu mir: »Ach, der Lange«, mein Mann war ja sehr groß, »ich glaube, der ist nach Tegel gekommen.« Und Tegel bedeutete für mich sofort, daß mein Mann bei Poelchau[33], dem Gefängnispfarrer von Tegel wäre. Er war ein Freund. Noch an der Lehrter Straße habe ich Poelchau angerufen. Das war sehr gefährlich, das hätte ich gar nicht tun dürfen. Ich fragte: »Ist denn der Helmuth bei Ihnen?« Er antwortete: »Ich weiß nicht. Ich bin noch nicht dagewesen. Aber es sind viele Leute von der Lehrter Straße dahingekommen. Kommen Sie doch morgen in meine Sprechstunde im Gefängnis Tegel!« Ich bin den nächsten Morgen hingekommen, und er war da.

Es war eine völlig andere Atmosphäre: Bei der Justiz, da ist alles geordnet. Da darf man dies, das und jenes, und ein anderes darf man überhaupt nicht. Doch bei der SS, da war alles ungeordnet, grausam, schrecklich, und manchmal konnte man Sachen machen, die man sonst nirgendwo machen konnte.

Also, langsam weichten dann auch die Gefängnisbeamten in Tegel auf, weil sie merkten, was für seltsame Gefangene sie hatten. Aber das war zu Anfang noch nicht der Fall. Ich wurde durchgeschleust zu dem Vorzimmer von Poelchau, und wie ich da saß, kam leichenblaß Romai Reichwein[34], die Frau von Reichwein, rein: »Ich habe den Helmuth gerade draußen gesehen!« Da bin ich, als ob ich Türen sprengen könnte, dahingestürzt; denn erst mußte ein Wachtmeister hier eine Tür aufmachen und da eine Tür. Ich sagte: »Ich muß raus!«

Am Eingang traf ich meinen Mann im Sträflingsanzug. Wir durften natürlich nicht zeigen, daß wir uns kannten. Aber was ich sah und was er sah, war, daß wir beide noch beisammen waren. Ich sah – ich kann es eigentlich gar nicht besser ausdrücken –, und er sah das gleiche.

Wir haben uns nur angesehen. Ich habe keine Miene verzogen und er auch nicht; er ist über den Platz gegangen. Mein Mann wurde zu einer Vernehmung abgeholt, und ich ging zurück zu Poelchaus Vorzimmer. Wie mich vielleicht der Gefängnisbeamte angeschrien hat! Ich wäre gelaufen, und was das überhaupt wäre, hin und zurück, das gäb's doch gar nicht.

Das war mir völlig egal, ich war wie im Himmel. Ich hatte gesehen, mein Mann ist noch nicht zerstört von den Nazis.

Dann hat mich Poelchau hereingerufen und gesagt: »Er ist hier.« Ich sagte ihm: »Ich habe ihn schon gesehen.« Er: »Ich habe ihm schon Ihren Brief gebracht.« Jeden Tag fuhr ich wieder hin. Ab und zu fuhr ich wieder nach Kreisau, mal zum Wochenende. Immer hielt meine gute Schwägerin in allen diesen Monaten die Festung. Ohne sie hätte ich das gar nicht gekonnt.

Kampf um Sprecherlaubnis

Das war also im August 1944. Wenn ich das richtig verstehe, haben Sie ab August 1944 die meiste Zeit in Berlin verbracht?

Ja, sehr viel Zeit.

Sie haben versucht, Ihren Mann so oft wie möglich zu sehen?

Ich konnte ihn nicht oft sehen; ich habe ihn viermal im ganzen gesehen. Ich mußte zum »Volksgerichtshof« gehen, zu den Beamten, und sagen: »Ich möchte Sprecherlaubnis.« Dann sagten sie, auch nicht unfreundlich: »Sie haben doch gerade eine gehabt, so oft geht das nicht!« Dann sagte ich: »Ich muß ihn sprechen!« Das war ein Kampf!

Die Inhaftierten des Kreisauer Kreises haben versucht, sich zu verteidigen, haben gedacht, sie kommen vielleicht doch mit dem Leben davon. Doch wie sollte die Verteidigung aussehen? Die mußte integriert werden mit den anderen. Die saßen zum Teil in anderen Gefängnissen. Dann mußte man sehen, daß, was mein Mann sagen wollte, die anderen erfuhren und andersrum. Steltzer[35] war nicht in Tegel, der war in der Lehrter Straße geblieben. Auch Haubach war nicht dort und Mierendorff schon tot, von einer Bombe in Leipzig ums Leben gekommen. Trotha[36] und Einsiedel[37] hatten sie nicht gefunden. Da saßen aber noch eine Menge im Gefängnis, Delp[38] und Gerstenmaier[39], alles Mitglieder des Kreisauer Kreises, und die wollte mein Mann gern integriert sehen.

Das Traurige ist, daß ich nie an diese Verteidigung geglaubt habe. Ich dachte, das geht nicht gut. Das geht nicht, wenn nicht die Alliierten kommen. Ich meine, es konnte noch allerlei anderes passieren; aber es passierte nichts.

Sie haben nicht an eine wirksame Verteidigung glauben können?

Nein, ich nicht. Noch etwas ist sehr merkwürdig. Das sagte auch Poelchau immer: »Die Menschen im Gefängnis verlieren ...« Mein Mann war ein wunderbarer Realist. Alles, was er vorhergesehen hat und wie er Sachen beurteilte, das hat immer gestimmt. Aber als er ins Gefängnis kam, da hat sich dies etwas verschoben. Wenn er dann zum Beispiel sagte: »Ich könnte doch mit General Müller[40] sprechen; das würde mir vielleicht helfen; der würde einsehen, daß ich den Nazis noch mal nützlich sein könnte in der Katastrophe.« Das dachte mein Mann wegen seiner Beziehung zu England und weil er wirklich den 20. Juli nicht richtig fand. Er fürchtete, daß es nicht glücken würde; er war dagegen.

Hitler gewaltsam beseitigen?

Das können wir vielleicht einmal festhalten: Ihr Mann war nicht beteiligt an den Vorbereitungen des 20. Juli?

Nein, das war er nicht.

Er war – wie ich das verstanden habe – davon überzeugt, daß das Nazi-Regime nicht gewaltsam zu Ende gebracht werden sollte?

Eine sehr schwierige Frage. Sie ist sehr schwer auf einen Nenner zu bringen. Sie müssen sich vorstellen, daß die Nazis Mörder waren. Nun erhob sich im Kreis die Frage: Wie kann man Hitler loswerden? Ja, wie kann man Hitler loswerden? Es waren erst mal wirklich die Fragen: Bringen Sie das technisch fertig? Ist irgend jemand da, der das technisch fertigbringt? Dazu muß man Waffen haben. Wer hat die Waffen? Die Generäle? Die verachtete mein Mann. Die Generäle sind hoffnungslos, sagte er. Völlig erwiesen durch das, was nachher passierte. Die Generäle, die gegen die Nazis waren, blieben auch mehr an ihrer eigenen Karriere interessiert, wollten es nicht wahrhaben.

Ich hab jetzt diesen Film über den Widerstand[41] gesehen, den hat eine Amerikanerin gemacht, ein sehr guter Film. In dem sagt einer, Manstein[42] habe auf die Nachricht, es wären 100 000 Juden umgebracht worden, geantwortet: »Das ist doch gar nicht möglich! Sicherlich stimmt das nicht.« Das hat der Herr General Manstein gesagt. So waren die doch und hatten nicht viel persönlichen Mut. Deswegen sagte mein Mann: »Die Generäle sind hoffnungslos. Wer soll es dann machen, und wie soll es gemacht werden?« Dann kommt noch die Frage des Mordes hinzu.

Damals habe ich zu dieser Frage überhaupt keine Stellung genommen, soweit ich sie mitgehört habe. Es war klar, daß Hitler weg mußte. Aber da sagten andere im Widerstand, und denen gibt die Nachwelt unbedingt recht: »Wenn Hitler so viel gemordet hat, muß er behandelt werden wie ein Mörder; dann muß er auch umkommen.« Dann sagte Mierendorff zu meinem Mann: »Sie brauchen uns nur eine Woche zu geben. Dann sind die alle weg, und wir brauchen das nicht mehr weiterzumachen. Dann müssen wir anders werden.« Während mein Mann sagte: »Wir verurteilen diese Mörder dauernd. Müssen wir dann mit Morden anfangen?« Das war etwas, das ihn bewegte. Dabei weiß ich, daß er auch selbst mehrere Soldaten versucht hat heranzuziehen, Hitler umzubringen, zweimal.

Vom General Föhrenbach[43], das steht in den Briefen: Er hat zu mir gesagt: »Ich gehe zum General Föhrenbach.« Er hat beschrieben, wie der reagiert hat; aber er hat mir doch nicht gesagt, was war. Ich habe auch nicht gefragt, weil ich respektiert habe, daß er mich insoweit schützen will. Außerdem hatte er einen Freund, mit dem er in die Schule gegangen ist; das war ein aktiver Fallschirmjäger-Oberst. Den hat er auch versucht zu gewinnen. Ich weiß, daß er ihn für den Einsatz gegen Hitler gewinnen wollte. Aber er ist gefallen.

Das war eine sehr schwierige Frage. Immer haben die Kreisauer Planer gesagt: »Von innen oder von außen kommt der Tag X. Entweder wir bringen ihn um, wir werden die Leute los...« Dann auch: »Genügt es, Hitler umzubringen? Muß man nicht auch Himmler[44], Goebbels[45], Göring[46] gleich loswerden, und wie kann man das machen? Kann einer von denen die Sache weiterführen?« Das waren sehr praktische Fragen.

Stauffenberg ist daran gescheitert. Denn er hatte schon vorher versucht, die Bombe in Gang zu setzen, mit Göring und Himmler; doch die waren nicht gekommen. Aus diesem Grund hat er die Bombe nicht gezündet und gewartet.

Mein Mann wollte auch unbedingt Hitler loswerden. Er hatte eben die gewisse Dämonie in der Existenz Hitlers erkannt. Aber als er im Gefängnis war, um darauf zurückzukommen, verschob sich wirklich etwas. Poelchau sagte: »Die Menschen, die im Gefängnis sitzen müssen, verlieren das Gefühl für die Realität.« Ein bißchen empfand ich das in meines Mannes Hoffnung, daß er gerettet werden könnte.

Das hat mich empört

Danach haben Sie diesen Müller besucht?

Einer der Wünsche meines Mannes war, daß er ein Gespräch mit Müller[40] führen konnte. Da hat mein Mann gesagt: »Geh in die Prinz-Albrecht-Straße« – es hieß Reichssicherheitshauptamt – »und versuche, für mich eine Verabredung mit Müller zu bekommen!« Sie sehen daran, daß er mich immer angestellt hat – erfolgreich –, und ich bin auch in die Prinz-Albrecht-Straße gekommen. Ich kann nicht mehr genau sagen, wie es war. Ich muß mich angemeldet haben; denn ich hatte wirklich eine Verabredung mit Müller und habe dann im Vorzimmer warten müssen. Dann kam ich hinein. Er war äußerst höflich zu mir und, um es kurz zu machen, hat versucht, mich zu sich herüberzuziehen. Das hat mich dermaßen empört! Er hat gesagt: »Wenn es vorbei ist« – vorbei, das heißt, meinen Mann haben sie umgebracht! –, »dann muß ich Ihnen mal sagen, was

Ihr Mann gemacht hat. Ihr Mann hätte in seiner Studierstube sitzen bleiben müssen und sich gar nicht um solche Sachen kümmern sollen! Das war kein Mann für solche Sachen, und wenn ich Ihnen dann mal erzähle, was der gemacht hat, werden Sie sich wirklich wundern!« Verstehen Sie? So hat er mit mir geredet, und das hat mich dermaßen in Wut, in Empörung gebracht! Ich saß da und dachte: Wie kann ich dem sagen, daß ich mich von ihm trenne und daß er nicht merkt, daß ich das alles wußte. Hinterher haben Leute zu mir gesagt, Müller hat das gewußt; er wollte die Frauen schonen.

Jedenfalls habe ich ihm gesagt: »Was Sie mir auch erzählen, seine Söhne werde ich in Liebe und Ehrfurcht für ihren Vater aufziehen.« Dann antwortete er mir: »Selbstverständlich, davon werde ich Sie nie abhalten.« Er war wohl überrascht. Dann sagte ich noch: »Er möchte gerne mit Ihnen reden«, und Müller: »Selbstverständlich, ich werde Ihren Mann empfangen.«

Dann war das Gespräch beendet, und ich bin weggegangen. Er ist mir auf dem Gang noch nachgelaufen und hat zu mir gesagt: »Wenn's dann vorüber ist, kommen Sie doch zu uns! Wir wollen Ihnen gerne helfen.« Wie naiv, daß er mir zutraute, ich würde mir von den Nazis helfen lassen, von diesen Leuten, die meinen Mann umbringen! Ich kam nicht in diese Lage.

Manche der anderen Frauen kamen in eine so schwierige Lage, daß sie nahe dran waren, die Gestapo in Anspruch zu nehmen. Es wurde ihr ganzes Vermögen eingezogen. Sie hatten nichts mehr. Alles war zerbombt, ihre Familien waren zerstreut. Was sollten sie machen? Ich weiß nicht ganz genau, ob sich welche an die Gestapo wandten.

Die dort hatten überhaupt einen gewissen Respekt für diese Familien, daß sie überhaupt gewagt hatten, sich den Nazis entgegenzusetzen. Sie haben die Kinder in Kinderheime getan. Sie wollten sie umerziehen zu Nazis. Da sehen Sie die ambivalente Haltung, die sie uns gegenüber hatten; und so war das auch bei Müller.

Vor dem »Volksgerichtshof«

Sie sind auch einmal zu Freisler[47] gegangen?

Das war weniger schwierig. Mein Mann bekam Ischias im Gefängnis; es war sehr unangenehm für ihn. Das hat dazu geführt, daß man ihm endlich die Fesseln abgenommen hat. Diese Leute trugen alle Handschellen und haben auch mit Handschellen geschrieben und sich schließlich daran gewöhnt. Aber mit den Schmerzen war das wirklich kaum erträglich.

Dann kam die Verhandlung heran und die Vorstellung, daß mein Mann vor Freisler stehen müßte! Das war fast unmöglich! Darum bin ich hingegangen und habe gesagt, er hätte dieses Leiden und man möchte ihm doch bitte einen Stuhl geben. Da war Freisler auch wieder sehr höflich zu mir. Dann sagte er: »Sie können überzeugt davon sein, mein Gerichtshof spricht nur gerechte Urteile.« So verließ ich Herrn Freisler wieder. Aber den Stuhl hat er bekommen; das sieht man auf den Bildern. Während die meisten standen, saß er vor Freisler. Das war das einzige Mal, daß ich Freisler begegnet bin. Mein Mann saß und ein anderer, der ein Beinleiden hatte, aus Augsburg, ein Rechtsanwalt.

Der Prozeß dauerte zwei Tage. Er war am 9. und 10. Januar 1945. Möchten Sie uns erzählen, wie dieser Prozeß für Ihren Mann ablief, für das, was man ihm vorwarf, was offizielle Anklage war und was dabei übrig blieb?

Angeklagt war er wegen Hochverrat. Doch das konnte man ihm gar nicht nachweisen. Schließlich blieb nichts anderes übrig, als daß mein Mann nicht angezeigt hatte, daß er von den Plänen Goerdelers[48] gewußt hatte. Sonst blieb nichts übrig.

Die Pläne von Goerdeler waren die Pläne für den 20. Juli?

Für den 20. Juli. Aber wie er selber sagte, man wird zum Tode verurteilt für das, was Herrn Freisler nicht paßt, und so war es. Aber es hat sich in der Verhandlung zwischen ihm und Freisler doch so dramatisch auf das zugespitzt, was meinem Mann wichtig war, daß mein Mann wirklich aus dieser Verhandlung zufrieden herauskam. Es lief darauf hinaus, daß Freisler sagte: »Nationalsozialist und Christ, das geht nicht zusammen. Beide verlangen den ganzen Menschen.« Das aus Freislers Mund hat meinen Mann zutiefst befriedigt. Er hat darüber ausführlich in seinen Briefen geschrieben. Schließlich war alles andere weggefallen.

Er trat vor diesen Gerichtshof nicht für seine Arbeit, für sein Amt, für sein Herkommen. Nichts blieb übrig, nur, daß er anders dachte, und zwar als Christ, und das gefiel meinem Mann. Nachher wurde das alles auch fallengelassen, im Urteil. Da stand gar nichts mehr davon drin. Das habe ich dann viel später bekommen. In dem Urteil stand drin, bescheinigt, er hätte nur gedacht. Jemand hat an den Rand geschrieben: Der hat mehr getan als denken. Das haben die Nazis dann auch gemerkt, daß das nicht stimmt.

Das ist die Geschichte der Prozeßtage. Es kamen auch mehrere andere dran. Aber mein Mann stand sehr im Vordergrund in diesen Tagen.

Diese Zuspitzung auf den Gegensatz Nationalsozialismus und Christentum, die beide den ganzen Menschen erforderten, war wichtig wegen der Rolle, die die Kirche im Laufe der Zeit des Nationalsozialismus spielte.

So würde ich das nicht sehen. Es war so, daß die Menschen im Widerstand eigentlich meistens keine

Vertreter der Kirche waren, bis auf einige Ausnahmen, die dazugehörten. Es wurde im Laufe dieser Jahre deutlich, daß man mit liberalen Ansichten so etwas wie Widerstand nicht durchsteht. Diese Männer mußten sich alle selber klar werden, warum sie das eigentlich taten und wer das trug, was sie taten. Sie wurden sich ihrer christlichen Basis durchaus alle klar. Das war interessant, weil das auch auf die Sozialisten zutrifft, die darüber sicher vorher nicht lange nachgedacht haben. Den Kirchen haben sie wohl mehr Vertrauen geschenkt als wir heute. Aber im Grunde beruhte die Betonung des Christlichen auf ihren eigenen Erfahrungen. Ich finde, das ist wichtig, daß ich Ihnen das deutlich sage. Viele waren im eigentlichen Sinne gar keine Kirchenanhänger.

Ihr Mann hat einmal geschrieben, nur mit ethischen Grundsätzen wären diese Zeiten und diese Bewährungsproben nicht durchzustehen gewesen.

Ja, das stimmt. Ethisch ist schon ein relativ philosophisches Wort. Es sind wirklich religiöse Vorstellungen, nicht im rein kirchlichen Sinne. Ich meine, Theologie und Glaube, das ist etwas Verschiedenes. Mit Theologie hat es nicht viel zu tun. Sie waren nicht nur christlich in der Tradition, sondern für ihr eigenes Leben nahmen sie das an, für das Zukünftige, was sie taten. Es spielte eine große Rolle, wurde aber nie besprochen.

Für Sie persönlich muß Christentum auch etwas bedeutet haben. Hat sich in Ihrem Leben mit Helmuth von Moltke eine Entwicklung vollzogen?

Ja, das hat es durchaus. Ich habe ihm das alles immer zugebilligt, habe es auch bis zum gewissen Grade miterlebt und mitverfolgt; besonders in den letzten Monaten, wo wir uns trennen mußten. Aber ich hatte einen viel weiteren Weg zu gehen als er, denn ich kam aus einem ganz unreligiösen Haus. Meine Mutter hatte alles mögliche getan, damit wir was lernten und daß alles geschah, was sich gehörte; doch es war ganz anders als bei Moltkes. Die waren zwar auch keine Kirchenleute, sie waren merkwürdigerweise Anhänger der Christian Science[49]. Ich möchte sagen, die Moltkes haben eine religiöse Begabung. Diese religiöse Begabung habe ich leider nicht mitgebracht. Aber es wird mir sehr leicht, mein Leben und alles, was ich tue, an dem zu messen, was wir damals gelernt haben und an was ich selber auch glaube. Ich bin bescheidener in meiner Ansicht von mir selber in Verbindung zu Glaubensfragen; aber sie sind mir sehr wichtig. Es ist schwer, über solche Sachen zu sprechen.

Es gibt in den Briefen eine Stelle, in denen Ihr Mann, aus Berlin schreibend, Ihnen vorschlägt, in Kreisau mit Ihren Kindern das Tischgebet einzuführen.

Das Tischgebet habe ich immer für unergiebig angesehen. Mein Mann schreibt in dem Brief sehr schön, weil wir Produzenten wären von Lebensmitteln, alles wüchse bei uns, und deswegen sollte man Respekt vor der Nahrung haben. Es wäre doch schön, wenn die Kinder wieder ein Tischgebet beteten. Das habe ich glatt abgelehnt, weil ich ganz deutlich Erinnerungen an andere Häuser habe, in denen Kinder Tischgebete sagten, und da war nichts dran. Das war noch nicht mal eine Formel. Die wußten gar nicht, was da vor sich geht. So was wollte ich nicht an meinem Tisch haben.

Es war nicht etwa eine prinzipielle Gegnerschaft, daß man den lieben Gott anrufen sollte. Den mußte ich in meinen schweren Tagen ganz tüchtig anrufen. Aber für jeden Tag, wenn man zum Frühstück kommt?

Ich weiß eine schöne Geschichte meines Mannes: Eine Großtante wohnte früher in dem Berghaus, in dem wir dann saßen; dort ging er zum Essen hin. Da wurde mittags gebetet, und abends wurde nicht gebetet, und er fragte die Tante: »Warum wird denn abends nicht gebetet?« Die Tante war sehr bestürzt und hat gesagt, weil es da weniger zu essen gibt. Das fand ich eigentlich ziemlich typisch für Tischgebete; da habe ich mich eben geweigert.

Zum Tode verurteilt

Der Prozeß war am 9. und 10. Januar 1945. Ihr Mann hat Ihnen am 10. und 11. Januar noch lange, schöne Briefe schreiben können, die Sie der Öffentlichkeit zugänglich gemacht haben. Sie sind in dem Buch »Briefe an Freya« abgedruckt, weil er einen größeren Leserkreis dafür haben wollte.

Er hat's ganz deutlich gesagt. Ich hatte einen Auftrag. Angenehm war das nicht, besonders der zweite Brief. Der war doch sehr persönlich. Ich konnte ihn nicht zurückhalten.

Diese Briefe sind Ihnen von Harald Poelchau übergeben worden?

Ja. Ich habe sie sofort bei ihm gelesen.

Dieser Gefängnispfarrer von Tegel war Ihnen ein guter Freund in diesen schweren Monaten.

Beide, er und seine Frau. Unglaublich gute Freunde. Diese Menschen kann man nicht genug preisen, die dauernd ihr eigenes Leben riskierten, um anderen Leuten zu helfen.

Sie haben die Briefe also sehr bald lesen können.

Ja, sofort, noch während er lebte.

Die Hinrichtung war am 23. Januar. Es gibt von Ihnen die Schilderung, wie Sie am Tage danach mit Marion Yorck nach Kreisau gefahren sind. Ich glaube, das muß man lesen. Die Schilderung hat ein bißchen von diesen Eselsbrücken der Hoffnung, von denen Sie sprachen. Vielleicht mögen Sie's doch kurz erzählen, wie es war, als Sie nach Hause kamen.

Das war natürlich sehr schwer; denn ich mußte den Menschen dort sagen, was geschehen war. Aber das Schwierigste war der größere von meinen zwei kleinen Söhnen, der das schon verstand. Doch der verstand es eben auch nicht; das war für mich ein großer Trost. Ich sagte ihm nämlich, sein Vater wäre gestorben. Am nächsten Morgen kam er in mein Zimmer und fand mich traurig vor. Da sagte er zu mir: »Warum bist du denn so traurig?« Ich sagte: »Das weißt du doch.« Und da sagte er: »Immer noch wegen dem Pa?«

Das – fand ich damals – war wirklich, als ob er mir eine große Last weggenommen hätte. Denn da konnte ich verstehen, daß so ein junges menschliches Wesen noch nicht fassen kann, was es bedeutet, zu sterben. Das tat mir wohl. Der ganz Kleine war erst drei Jahre alt, der hat es nicht gemerkt.

Das war Ende Januar 1945. Sie haben schon erzählt, daß Kreisau voll war von Flüchtlingen. Es gab jede Menge Probleme und jede Menge Arbeit. Sie haben dies in einem Kapitel, das Ihren Briefen angefügt ist und auch in dem anderen Buch über Ihren Mann,

»Anwalt der Zukunft«[50]*, abgedruckt ist, geschildert. Wenn ich das lese, denke ich, daß diese ereignisreichen Wochen bis hin zum Herbst Ihnen keine Zeit ließen, der Trauer zu viel nachzugeben.*

Das ist vollkommen richtig. Es war so viel zu tun, und es war alles so brennend, was getan werden mußte, daß ich ganz und gar eingesetzt war. Das hilft ja immer. Wenn große schwere Schicksalsschläge einen treffen, dann ist die Arbeit eine Stütze. Außerdem waren die Kinder da, und das ganze Leben ging weiter. Ununterbrochen mußten Entscheidungen getroffen werden. Es waren bald die Verbindungen nach Westen nicht mehr vorhanden, und meine Schwägerin erwartete ein Kind. Dann gab's noch mal einen Lazarettzug, in dem sie Platz haben mußte. Ununterbrochen mußte etwas getan werden. Man kam nicht zur Ruhe.

Mit Russen und Polen in Schlesien

Wir sind noch den ganzen Sommer bis zum Oktober mit Russen und Polen in Schlesien geblieben. Die Russen kamen zuerst. Die Polen kamen langsam. Wir konnten uns nicht erklären, warum so viele Polen kamen, bis uns aufging, daß das Land den Polen überlassen wurde. Wir haben – das steht in dem Bericht – noch viele menschliche Erfahrungen und Hilfen von Polen und Russen gehabt, auch unangenehme Sachen. Das war das Leben. Aber ich glaube, wenn ich die Schilderungen anderer Menschen höre, die aus dem Osten nach Westen gegangen sind, so haben sie das unter viel schwereren Bedingungen machen müssen. Das hat einen sachlichen Grund: Wir lagen nicht mehr in dem Besatzungsgebiet, in das die Russen innerhalb des Krieges kamen. Sie kamen erst nach dem Waffenstillstand. Da waren sie längst nicht mehr so wild.

Schwierig war ihr Verhältnis zu den Frauen; das hatten wir nicht erwartet. In dem Punkt waren wir verhältnismäßig naiv, das lernte sich aber sehr schnell. Es war ganz einfach: Man durfte niemals einen Russen ansehen. Man durfte kein Auge mit ihm wechseln. Wenn man sie nicht ansah, kamen sie gar nicht auf den Gedanken, wir könnten interessant sein. Das lernten wir sehr schnell und sind auch weggelaufen. Das war kompliziert.

Sie haben sich versteckt?

Die ersten Nächte haben wir uns versteckt.

Es lebten mehrere Frauen in Ihrem Haus. War Frau Reichwein bei Ihnen?

Sie war mit ihren Kindern bei uns. Auch das half uns. Sie hatte ebenfalls ihren Mann verloren. Sie hatte vier Kinder. Wir waren zusammengezogen.

Früher hatten sie im großen Haus gewohnt und kamen dann zu uns rauf in das Berghaus. Das war ganz voll, sechs Kinder.

Sehr schnell ging ich in die Kreisstadt und suchte eine Lehrerin, die früher in Kreisau unterrichtet hatte. Ich fragte sie, ob sie bereit wäre, die Schule da wieder aufzumachen, und das haben wir dann auch gemacht. Alle Kinder, die noch da waren, sind dort hingegangen.

Dann kamen die Polen. Das ist dieses halbe Jahr, das ich geschildert habe. Es war ereignisreich und interessant, und ich habe die Polen und Russen auch mit ihren guten Seiten gesehen. Es war nicht so schlimm wie in anderen Gegenden.

Wenn ich Ihre Schilderungen lese, beeindruckt mich besonders, daß Sie – jedenfalls in der nachträglichen Schilderung – den Eindruck erwecken, daß Ihr Humor Sie selbst in diesen Tagen, Wochen und Monaten bei Betrachtung der Ereignisse nicht ganz verlassen hat.

Wissen Sie, ich bin Rheinländerin. Wir sind viel leichtlebiger als zum Beispiel die da vom hohen Norden. Im Grunde war auch mein Mann heiter innerhalb der Familie. Wir waren vergnügt in der Familie und fanden immer was zu lachen, auch zu dieser Zeit. Ich hatte ganz unangenehme, schwierige Rencontres mit Russen, auch in dem Sinne von Frau und Mann. Aber ich habe auch fabelhafte Sachen bei den Russen erlebt, die mich dann einfach gehen ließen. Da war ich recht dankbar, muß ich sagen.

Wann hatten Sie keine Hoffnung mehr, in Kreisau bleiben zu können? Welche Ratschläge gab Ihr Mann Ihnen, solange er noch lebte? Das Kriegsende war immerhin abzusehen.

Er hat ganz konkret gesagt: »Bleib zu Hause, so lange du kannst! Das übrige Deutschland ist voller Bomben, voller Gefahren. So lange du kannst, bleib in Kreisau!« Dem bin ich nicht ganz gefolgt, weil die Leute um mich herum alle sehr nervös waren und weil diese Front, die nach Westen drängte und nicht nach Süden, sehr nahe war. Man hörte das Schießen, und es kamen russische Flugzeuge - hie und da - über uns weggeflogen. Das hielten einige unserer Leute nicht aus, und sie drängten mich, mit den Kindern ins Gebirge zu ziehen. Das habe ich getan, doch das hat eigentlich mein Leben nur erschwert. Wir sind ins Gebirge und wieder zurück gezogen. Das ging aber alles, es ist uns gelungen.

Ich hatte überhaupt sehr viel Glück in meinen Schachzügen, die ich innerhalb meines Lebens bis zum heutigen Tage gemacht habe. Man kann das Glück nennen. Man kann das auch noch anders nennen. Ich habe da viel Grund zur Dankbarkeit. Das hat damals schon angefangen, und so bin ich mit Russen und Polen sehr gut ausgekommen. Wir sind geblieben.

Zweimal kamen Abordnungen zu mir nach Kreisau. Das erste Mal waren es zwei Engländer in einem kleinen englischen Wagen. Sie kamen von der Botschaft in Warschau; so sehr war das Land damals schon von Osten her angesehen.

Auf einer romantischen Reise nach Berlin, die ich in diesen sechs Monaten einmal gemacht habe – einmal ist Frau Reichwein gefahren, einmal bin ich gefahren, und sie hatte schon die ersten Papiere für mich besorgt –, wollte ich gern mit der Welt anknüpfen; denn wir waren da ja völlig verloren. Meine arme Mutter im Westen wußte nicht, ob wir überhaupt noch lebten. So wollte ich nach Berlin, um schreiben zu können. Dort habe ich an meine englischen Freunde geschrieben. In Amerika hatte ich nicht viele Freunde. Aber mein Mann hatte eine richtige Freundschaft mit einer hier sehr bekannten Journalistin; sie hieß Dorothy Thompson[51]. Damals von Berlin aus habe ich auch an Dorothy Thompson geschrieben, daß wir noch lebten und daß Helmuth tot war.

Diese Briefe sind alle angekommen. Daraufhin waren die Engländer sehr erregt und haben angefragt, ob sie mich rausholen könnten. Sie wußten damals schon, daß alles polnisch werden würde, was wir nicht wußten.

Ich hatte übrigens ein Radio, das wir abgeben mußten, ich aber nicht abgegeben habe, sondern im Zimmer ließ; das ist immer die beste Art, es zu verstecken. Ich hatte nur eine Decke drüber gelegt, und so hörten wir den britischen Sender. Zuerst war es nicht sicher, daß Schlesien polnisch werden würde. Aber diese beiden Leute aus Warschau brachten mir einen Brief von meinem Freund Michael Balfour[52], der nachher das Buch geschrieben hat. Mitten im Krieg hatten wir ihn zum Paten meines Sohnes Konrad gemacht und das über das Rote Kreuz erreicht. Der schrieb mir: »Du mußt weg aus Schlesien. Leider, leider mußt Du nun auch noch weg aus Schlesien; es hilft Dir nichts.« Da wurde mir zum ersten Mal klar, daß ich weg mußte. Aber ich fühlte keine Eile. Ich wollte gern noch den Herbst erleben. Es drängte mich nicht, Kreisau zu verlassen.

Dann kam ein zweiter Schub. Das waren Amerikaner. Ein früherer Schlesier, der nach Amerika ausgewandert war wie so viele – die dann eigentlich noch ganz deutsch waren –, hatte mich gebeten nachzusehen, wie es bei ihm zu Haus geht. Später kam er selber. Der nahm übrigens schon den ersten Packen Briefe mit, den Packen aus dem Bienenstock. Die anderen habe ich nachher selbst mitgenommen.

Es ist bezeichnend, daß Sie diese Reise im August 1945 von Kreisau nach Berlin romantisch nennen.

Das war sie auch.

Von Kreisau nach Berlin ging sie im Laufe eines Tages einigermaßen normal in einem Güterzug. Aber die Rückreise dauerte drei Tage und fand auf einem Kohlenzug statt.

Nach Berlin war's ein Kohlenzug. Die Kohlen wurden dort dringend gebraucht. Aber zurück war die Sache gefährlich. Rückschauend muß ich sagen, war es ein großes Glück, das ich heil wieder ankam. Die Reise war voller Gefährdungen. Es kamen Russen.

Die holten mich vom Bahnsteig, ausgerechnet Russen. Warum gerade mich? Aber ich war mit der Frau aus dem Dorf zusammen, mit der ich diese Reise machte. Wir wurden gefragt, doch bitte den Fußboden im Büro der Russen aufzuwaschen. Das haben wir gemacht. Danach haben sie uns Zucker und Brot gegeben und gesagt, auf Bahnsteig sechs fährt der erste Zug ab. So sind wir weiter.

Weg von Kreisau

Die Schilderungen, die Sie als Schlußkapitel den Briefen hinzugefügt haben, enden mit der Abreise aus Kreisau. Sind Sie nach Berlin gezogen?

Ja, und dort habe ich bei Marion Yorck, bei Yorcks gewohnt. Dann haben mich meine Brüder sehr gesucht. Die hatten den Krieg überlebt und waren besorgt um mich. Einer lebte in Frankfurt, der andere hatte sich vernünftigerweise in die Schweiz abgesetzt. Beide versuchten, mich dazu zu überreden, zu ihnen zu kommen. Da ich in erster Linie das Wohl meiner Söhne im Sinne hatte, war natürlich die Schweiz eine wunderbare Vorstellung. Sie könnten da essen und in die Schule gehen und es vollkommen normal haben. Alle anderen Wohnsitze, die ich gehabt hatte, Berlin und das Rheinland, waren in gräßlichem Zustand. Abzulehnen, in die

Schweiz zu gehen, wäre unmöglich gewesen, unverantwortlich gegenüber diesen Kindern.

So war ich, es ist kaum zu glauben, wirklich zu Weihnachten 1945 bei meinem Bruder in Bern. Da konnte ich die Kinder bei einer Freundin lassen. Ich aber war noch unruhig und den Menschen sehr verbunden, mit denen ich diese ganze Zeit durchgemacht hatte, die zum Teil wieder in Berlin lebten und die ich wiedersehen wollte. Auch meine Mutter wollte ich in Ruhe besuchen, so daß ich meine Kinder in der Schweiz zurückließ und noch mal nach Deutschland zurückging. Ich sagte meinen Söhnen, bald komme ich wieder. Ostern ging ich weg, und Pfingsten kam ich wieder. Sie sagten: »Bald ist aber bei dir eine ziemlich lange Zeit!«

In dieser Zeit habe ich noch viel mit meinen Freunden tun können und mich besonders mit Barbara von Haeften[53] befreundet. Poelchau in Berlin sagte: »Guck doch mal, was die Barbara in Mecklenburg macht!« Da bin ich, was ich gerne wieder romantische Verhältnisse nenne, mit dem Zug nach Mecklenburg gefahren und habe sie aufgesucht. Sie hat mir zwei ihrer Kinder mitgegeben bis Berlin und gesagt: »Ich komme bald nach; hier kann ich mich nicht halten.« Solche Sachen habe ich gemacht.

Barbara von Haeften hatte ihren Mann verloren; er war auch von den Nazis hingerichtet worden.

Ja, zur selben Zeit.

Was ist mit ihrem Schwager, dem Bruder ihres Mannes geschehen?

Der ist gleichzeitig mit Stauffenberg ums Leben gekommen.

Barbara hatte fünf Kinder und ihre Eltern in Berlin, mußte sich also auch in irgendeiner Weise wieder an ein normaleres Leben anschließen. Ich bin zurückgegangen in die Schweiz. Da sind ein zweites Mal die Südafrikaner an mich herangetreten. Der Grund war meine Schwiegermutter, aber auch mein Mann. Denn bei unseren zwei Besuchen in Südafrika hatte er öfter mit Menschen aus dem öffentlichen Leben gesprochen. Wir hatten uns damals mit einer ganzen Reihe von Leuten befreundet, die alle um uns besorgt waren.

Nach Südafrika

Die Südafrikaner haben also erst bei dem kurzen Aufenthalt in Berlin und dann noch mal in der Schweiz gefragt, ob ich nicht mit den Kindern nach Südafrika kommen wollte. Ich wollte nicht gern nach Südafrika. Die Verwandten lebten alle nicht mehr, und ich war stark gebunden an die wenigen in Deutschland, die aus dieser Gruppe überlebt hatten. Ich wollte auch Deutschland mit aufbauen. Ich dachte, das braucht keine wichtige Arbeit zu sein, aber ich möchte gern daran beteiligt sein.

Das habe ich mir aber aus dem Sinn geschlagen und bin mit den beiden kleinen Jungen im Januar 1947, so lange hat das gedauert, nach Südafrika gefahren. Und dann bin ich in Südafrika geblieben und war acht Jahre Fürsorgerin für Behinderte aller Hautfarben.

Es war eine private Gruppe, die sich der Behinderten dort annahmen. Eben da fing die Demokratie zum ersten Mal für mich an, praktisch zu werden. Ich begann zu lernen, wie alles in demokratischen Organisationen funktioniert. Acht Jahre lang habe ich in ganz verschiedenen Stellungen innerhalb dieser Organisation gearbeitet und viel gelernt. Ich bin gerne Fürsorgerin gewesen; das war ein schöner Beruf.

Mußten Sie Geld verdienen?

Ja. Da hatte sich mein Mann wieder außerordentlich zukunftsfähig erwiesen. Er hatte nämlich seinen Großeltern gesagt: »Ihr müßt das Geld, das ihr habt, einer Treuhandgesellschaft zur Verwaltung übergeben. Dann können wir nicht dran, und es kann auch nicht als Feindesgut eingezogen werden.« Genau das ist auch passiert. Die Treuhandgesellschaft hat das Geld verwaltet, und als ich ins Land kam, haben sie gesagt: »Wenn wir euch ins Land lassen, dann betrachten wir euch nicht mehr als Feinde, und ihr könnt das Geld benutzen.« So hatten meine Söhne einen Anteil von fünf Anteilen geerbt; das reichte aus, um sie zu ernähren. Wenn ich nicht gearbeitet hätte, dann hätten wir unseren an sich nicht aufwendigen, aber doch bequemen Lebensstandard verändern müssen. Ich hätte dann anders leben müssen.

Außerdem wollte ich gerne arbeiten. Meine beiden Söhne gingen in die Schule. In den angelsächsischen Ländern ist es praktischer als in Deutschland. In diesen Ländern sind die Kinder bis drei, vier, fünf Uhr nachmittags unterwegs und kommen dann erst nach Hause. Sie essen in der Schule oder nehmen Schnitten mit; da haben die Mütter den ganzen Tag frei. So war das auch bei mir. Ich habe Dreivierteltagsarbeit gemacht. Wenn meine Söhne aus der Schule kamen, war ich zu Hause.

Wo haben Sie in Südafrika gelebt?

In einem Vorort von Kapstadt, und das entwickelte sich gut. Ich ging zuerst. Aber die anderen Enkelkinder dieser südafrikanischen Großeltern waren auch in schwierigen Verhältnissen und alle völlig aus der Bahn geworfen. Auch sie wollten lieber in Südafrika leben als in Deutschland und kamen ein Jahr später nach Südafrika. Wir waren dann drei Familien in drei verschiedenen Häusern und hatten eine gemeinsame menschliche Lebensbasis. So sind unsere Kinder alle aufgewachsen in diesen drei Familien, und das war durchaus günstig für die Kinder.

Nur waren die politischen Verhältnisse nicht so, daß ich gern dauernd da geblieben wäre. Das habe ich sofort entdeckt. Ich wollte auch nicht Südafrikanerin werden, unter keinen Umständen. Ich wollte nur so lange bleiben, wie mein älterer Sohn in die Schule ging, weil er schon so viel Unterbrechungen seines Schullebens gehabt hatte. Mein kleiner Sohn verbrachte seine ganze Schulzeit in Südafrika; nur die letzten drei Jahre dann in Berlin, nachdem wir wieder nach Deutschland zurückgekehrt sind.

Alle drei Familien haben Südafrika wieder verlassen, so wunderbar dies Land ist. Das schönste Land, das ich je gesehen habe, das reichste und durchaus nicht das böseste.

Natürlich haben die weißen Südafrikaner die schwarzen Menschen nicht rangelassen oder zu langsam rangelassen. Das habe ich vor allen Dingen an ihnen ausgesetzt, daß sie nicht von vornherein langsam diese Bevölkerungsschichten, die ein ganz anderes Herkommen, ganz andere Sitten hatten und zum Teil noch von Stammeszeit erfüllt sind, daß die Südafrikaner die bewußt langsam dahingeführt hätten. Dann hätte man dort leben können. Aber sie haben sie zu stark unterdrückt. In meiner Zeit kam es gar nicht in Frage, daß sie am politischen Leben teilhatten! Es war eine Demokratie der Weißen. Die Schwarzen saßen daneben.

Die ganze Apartheid, das ist eine Illusion! Die Schwarzen arbeiteten für die Weißen, aber sollten in abgetrennten Gebieten leben. Das konnte nicht gutgehen, konnte auf die Dauer nicht funktionieren. Jetzt ändert es sich; aber ich habe gedacht, es würde sich schon vor 40 Jahren ändern. Das würden sie nicht aushalten.

Das möchte ich über die Südafrikaner sagen, daß sehr viel partriarchalisches Denken in Südafrika herrschte. Da gab's schlechte und gute Patriarchen. Wenn einer ein guter Vater war, dann hat er für seine schwarzen Leute gut gesorgt; es ging denen dann gar nicht schlecht. In den USA hat es Sklaven gegeben; aber das Verhältnis zu den Schwarzen ist ein besseres in Südafrika gewesen, als es in den Staaten war. Ich fand's hier schlimmer. Wie es früher im Süden war, wie es manchmal noch im Süden ist, das gab's in Südafrika nicht. Da gab's kein Lynchen. Insofern nehme ich die Südafrikaner in Schutz.

Rassenfragen sind so kompliziert, daß man sie eigentlich nicht lösen kann. Ich hätte mich in diesen Kampf hineinbegeben können. Meine Mitarbeiter waren alles Leute, die den Schwarzen helfen wollten. Aber ich wollte das nicht. Ich wollte nicht noch mal mit Rassenschwierigkeiten zu tun haben. Da gibt's nicht nur die Schwarzen, da gibt's auch die Inder und die Mischvölker. Es gibt auch noch Reste von den Buschmännern. Das ist ein Rassengewirr, wie man es sonst nirgendwo finden kann. Es ist sehr schwierig, damit eine Zukunft aufzubauen. Das wird auch weiter schwierig sein. Das ist noch lange nicht zu Ende.

Die Apartheid wurde verschärft. Sie waren dort in einer Organisation tätig, in der Behinderte aller Rassen betreut wurden. Das war später nicht mehr möglich.

Das hat aber noch lange gedauert. Meine Mitarbeiterin, mit der ich noch befreundet bin, hat weiter für Farbige gearbeitet. Das Streben der dortigen Regierung war, Weiße nur von Weißen und Farbige nur von Farbigen betreuen zu lassen. Aber das ging nicht, weil man den Farbigen nicht oder nur langsam die Gelegenheit verschaffte, die notwendige Ausbildung zu bekommen. Man ist immer noch dabei, das zu ändern.

Sind Sie in dem knappen Jahr, das Sie in der Schweiz verbrachten, und in den langen Jahren in Südafrika zur Ruhe gekommen nach diesen Ereignissen 1945, dem Tod Ihres Mannes und diesen aufregenden Monaten bis zur Abreise aus Kreisau?

Ja. Ich habe in Südafrika ruhig gelebt. Aber es waren doch Wanderjahre. Es gibt auch Wanderjahre, in denen man zur Ruhe kommen kann. Aber ein eigentliches Zuhause habe ich erst wieder hier in den USA und Vermont gefunden, wenn ich das jetzt rückschauend besehe. Das Wandern hat mir gar nicht so viel ausgemacht. Ich bin so veranlagt.

Ich habe mir auch nicht sehr viel Gedanken darüber gemacht, ob ich nun immer in Deutschland bliebe. Ich bin zum Beispiel mit meinen zwei Söhnen zurück nach Deutschland gegangen und wußte nicht, wo ich mich niederlassen würde. Das war 1956.

Vorträge in USA

Sind Sie in den Jahren, als Sie in Südafrika lebten, öfter nach Deutschland gefahren?

Einmal, und zwar erhielt ich einen Auftrag. Es gab sowohl in England wie in USA eine Freundesgruppe von Menschen, die im Widerstand gewesen waren. Das waren nicht nur die Kreisauer. Ich meine Bonhoeffer und viele Leute, die Verbindung mit dem Ausland hatten.

Die Freunde im Ausland wollten den Kindern der Toten, mindestens den Halbwaisen, helfen. Denn es dauerte lang, bis die Bundesrepublik so weit kam, daß sie Hilfe leisten konnte. Aus diesem Grund suchten sie jemand, der nach Amerika käme, um dort Vorträge zu halten; das sollte Geld einbringen für diese Kinder. Sie suchten jemanden, der Englisch sprach, der damit zu tun hatte und möglichst eine Frau war. Da das auf mich alles zutraf, bekam ich einen Brief, ob ich nicht in die USA fahren wollte, um dort über Deutschland zu reden.

Ich wollte gar nicht so gern in die USA fahren, aber sehr gern wieder zurück nach Deutschland, um meine Freunde zu besuchen. Ich hatte nicht genug Geld, um mir das zu leisten, und dachte, das ist eine wunderbare Gelegenheit. Meine Schwägerin, die schon damals in Kreisau meine Söhne mitversorgt hatte und die inzwischen auch nach Südafrika gekommen war, hat sich wieder meiner beiden Jungen angenommen. Sie stand ihnen so nah, daß ich nicht das Gefühl haben mußte, sie wären nun verlassen. So bin ich nach Deutschland geflogen, habe alle meine Freunde wieder besucht und mich viel umgesehen. 1949 war alles noch sehr schlecht und schwierig.

Dann bin ich in die USA gegangen und habe da Vorträge gehalten; das war außerordentlich mühsam. Ich hatte einen Agenten, der Stars vermittelte, zum Beispiel Dorothy Thompson. Für mich interessierte sich kein Mensch, wenn sie an meiner Stelle Dorothy Thompson haben konnten. Der Agent hatte sich keine große Mühe gegeben, und ich hatte viel zu wenig Gelegenheiten zu sprechen, um damit Geld verdienen zu können. Ich war also bestürzt, daß ich nicht mehr zu tun hatte. Ich war nur drei Monate in den Staaten und konnte so schnell nichts selber aufbauen. Wenn man dort Vorträge hält, muß alles sechs Monate vorher geregelt sein. Mich konnten sie da nicht mehr unterbringen; es war eine schwierige Zeit.

Es hatte auch seine guten Seiten. Dort lebte einer meiner Brüder, der unruhige, der in der Schweiz gewesen war. Dem war die Schweiz dann zu eng, und Deutschland gefiel ihm nicht mehr, so war er in die USA gegangen. Der war hier, und außerdem war mein Schwager Moltke hier, der dritte Sohn. Der konnte die Nazis nicht ertragen und hatte schon 1938 Europa verlassen. Er hatte Schwierigkeiten, sich da anzusiedeln. Er hatte keinen Paß. Aber schließlich lief das alles sehr gut. Er war ein vorzüglicher Städteplaner und Architekt und verbrachte hier ein interessantes und nützliches Leben. Inzwischen ist er gestorben. Wir waren also zusammen, und es war nicht so, daß ich in eine Wüste kam. Die Amerikaner sind überaus freundliche Menschen und hilfreich, solange sie können. In dem Sinne hatte ich es hier gut. Aber meine Vorträge waren eine schwierige Sache.

Ich erlebte in New York, wo ich ein paarmal gesprochen habe, sehr viel Feindschaft gegenüber den Deutschen; und ich war auch aggressiv. Ich habe nicht über Widerstand geredet. Das interessierte die gar nicht, vielleicht einmal. Aber sie hatten mir Themen gestellt: Es waren diese furchtbaren Flüchtlingsverhältnisse in Deutschland. Die Lage der Flüchtlinge war so schlecht, daß sie sich damit vergleichen ließ, was manche Deutsche anderen Nationen angetan haben. Da habe ich mehr oder weniger den Amerikanern gesagt: »Es hat doch keinen Sinn, jetzt Gleiches mit Gleichem zu vergelten, sondern ihr solltet jetzt mit den Deutschen zusammenarbeiten, die anders waren, und diese Zustände möglichst schnell in Europa abstellen.« Das hat der Marshallplan dann getan. Ich hatte keinen Einfluß drauf, in keiner Weise; aber immerhin habe ich in dasselbe Horn geblasen, und das kam gar nicht an. In New York gab es viele noch sehr bittere jüdische Menschen, die in diesen einen Vortrag kamen. Das war in der Columbia University, und die waren streng. Es gab dann Diskussionen, und das Sprechen wurde mir oft sehr schwer.

Aber ich war in Deutschland gewesen, und zu Weihnachten war ich wieder zurück bei meinen Kindern.

Wie viele Vorträge haben Sie in diesen drei Monaten gehalten und in welchen Städten noch?

Im Mittelwesten bin ich ein bißchen rumgefahren. Ich war in Baltimore, in Washington und New York. Es gab viele Emigranten, und sie wären bereit gewesen, mir zu Vorträgen zu verhelfen. Aber das war nicht gut organisiert. Das war eigentlich ein Reinfall. Wenn mir nicht eine Freundin dazu verholfen hätte, daß mir drei Kirchen je 1000 Dollar schenkten – da habe ich meinen Mund gar nicht aufgemacht –, dann wäre überhaupt nichts rausgekommen. Damals waren 3000 Dollar ja schon ein bißchen Geld. Trotzdem war diese Reise kein Erfolg. Aber ich hatte zum erstenmal die USA gesehen und auch den ersten Besuch hier in Norwich gemacht.

Rosenstock-Huessy, mit dem ich dann noch zwölf Jahre zusammengelebt habe, hatte viele Freunde unter den Gegnern des »Dritten Reiches« in Deutschland. Einer dieser Freunde hatte mir eine Botschaft an die Rosenstocks aufgegeben. Als ich ankam, ließ ich ihn das wissen, und er redete mir zu, zu ihm nach Norwich heraufzukommen. Ich sagte: »Das kann ich kaum machen, denn ich bin so eingespannt.« Meine Schwägerin bekam auch noch ein Kind. Daraufhin sagte er: »Ach, kommen Sie doch wenigstens eine Nacht und fahren mit dem Zug den nächsten Tag wieder runter.« Das habe ich dann getan.

Dann habe ich ihnen die ganze Geschichte von dem Kreisauer Kreis und dem Widerstand erzählt. Ich wußte nicht viel von Rosenstock, außer daß er – das muß ich Ihnen dann in Verbindung mit meinem Leben hier erzählen –, daß er doch eine recht große Rolle für die Kreisauer gespielt hat. Das ist mir eigentlich erst hinterher so recht aufgegangen. Ich erinnere mich deutlich, daß ich ihm sagte: Die deutsche Sprache ist vollkommen hin; denn die Nationalsozialisten haben immer das Gegenteil von dem gesagt, was wirklich der Inhalt der Worte war. Damit ist die Sprache ja nichts mehr wert. Da sagte er, und das ist typisch Rosenstock-Huessy: »Ach, die Sprache kann doch wieder lebendig werden!« Da hat er ganz recht, denn ich habe dann noch sehr viel von ihm gelernt.

Sie haben mit ihm natürlich deutsch gesprochen.

Immer deutsch, die haben immer deutsch gesprochen.

Was für eine Botschaft hatten Sie zu überbringen und von wem?

Die Botschaft kam von Victor Bausch[54], einem Freund von mir. Das war ein Papierfabrikbesitzer an der Elbe, auf der falschen Seite, nämlich der Ostseite; die Papierfabrik war unter russische Herrschaft gekommen. Er hat versucht, die Papierfabrik mit den Russen wieder aufzubauen. Das ist eine phantastische Geschichte. Als die Fabrik wieder stand, hat er doch Mecklenburg verlassen müssen. Dieser Mann war ein Schüler Rosenstocks. Er hat mir gesagt: »Wenn die Pest irgendwo ausgebrochen ist, muß der Spezialist für Pest kommen Rosenstock muß wieder zurück nach Deutschland.« Diese Nachricht sollte ich ihm bringen. Aber Rosenstock wollte nicht zurück nach Deutschland. Er hat da noch Gastrollen gespielt, aber er ist nicht wieder zurückgekommen. Das war die Botschaft.

Die Botschaft war, die Pest ist nach dem Krieg in Deutschland?

Ja. Da war immer noch Pest, obwohl der Krieg zu Ende war. Das waren schwere Zeiten

Haben Sie das auch so empfunden?

Nein, das habe ich nicht so empfunden. Man gewöhnt sich an schlechte Zeiten. Besonders, wenn man sie mit so vielen anderen teilt. Wenn starke Ungerechtigkeit herrscht in einer Gesellschaft oder Gesellschaftsgruppe – einem Teil geht's gut, und den anderen geht's schlecht –, dann wird es unerträglich. Aber wenn es allen Leuten schlecht geht, versucht man, gegen diese Zeiten anzugehen, wie es ja auch die Deutschen gemacht haben, die Westdeutschen, und nimmt es als das Alltägliche an.

Für mich war das Ende der Nazis eine unerhörte Befreiung. Das stand im Vordergrund, und das war auch bei den anderen so. Aber ich muß dazu sagen, daß ich gar nicht viel in Deutschland gewesen bin in diesen schweren Zeiten, aus den Gründen, die ich Ihnen geschildert habe.

Trauer und Nähe

Sie sind dann nach Südafrika zurückgekehrt. Ich würde Sie jetzt doch gern etwas ganz Persönliches über diese Jahre fragen: Irgendwann muß es doch nötig gewesen sein, daß Sie sich ganz Ihrer Trauer hingaben und sie lebten, um hindurchzukommen. Ich denke, in den ersten Monaten in Kreisau war dazu keine Zeit, vielleicht auch nicht in der Schweiz und bei diesen Reisen.

Es fällt mir ganz schwer, darauf zu antworten. Ich habe das Gefühl, daß ich die ganzen Jahre in Südafrika eigentlich traurig gewesen bin. Das sehe ich auch in den wenigen Bildern, die ich habe. Ich war 34 und hatte das Gefühl, mein Leben wäre zu Ende. Ich kann nicht behaupten, daß ich so traurig gewesen bin. Wie ich jetzt meine Schwägerin und meinen Schwager habe trauern sehen, da habe ich gedacht: Eigentlich hätte ich dem Helmuth viel mehr Tränen schenken sollen, als ich's getan habe. Das habe ich neulich noch gedacht, als ich sah, wie die getrauert haben. Aber in dem Sinne habe ich gar nicht so viel getrauert.

Es hat ganz stark mitgespielt, wie sehr mein Mann mich in den letzten vier Monaten, in der Gefängniszeit, darauf gerüstet hat. Er hat mich wirklich ausgerüstet, daß ich jetzt noch weiter müßte, weitermachen.

Ich sagte mir – das war eine ganz große Eselsbrücke, die überhaupt nicht stimmt –, ich habe mir damals gedacht: Was sind schon 50 Jahre? Länger lebe ich nicht. Jetzt sind 50 Jahre schon herum. Sie waren sehr lange, und ich lebe immer noch. Natürlich hat sich viel ereignet. Ich lebe ganz anders jetzt, wieder anders.

Aber ich habe noch etwas dazu zu sagen: Durch diese ganze Zeit der Anstrengung gegen die Nazis, wie in den vier Monaten zum Ende hin, hatte ich immer eine unerhörte Nähe meines Mannes. Das hat nichts mit Vorstellungen zu tun. Ich habe keine Vorstellungen über das Jenseits, ob man da nun überlebt oder nicht. Ich habe keine Vorstellungen, und ich weiß nicht, was da ist. Trotzdem habe ich eine unerhörte Nähe meines Mannes, ich habe ihn behalten.

Ich weiß nicht, wie ich Ihnen das anders erklären soll. Das hat mir auch auf sehr schöne Weise mein Sohn Konrad bestätigt. Denn ich war ganz bestürzt, weil ich dachte: Ich habe gar nicht soviel über ihren Vater gesprochen! »Nein«, sagte er, »du hast auch nicht viel über ihn gesprochen, aber er war immer anwesend.«

Das war – es fällt mir jetzt kein deutsches Wort dafür ein – kein Tischrücken oder solche spiritistischen ..., überhaupt nichts davon. Ich bin eine ganz erdhafte Person. Das liegt mir leider nicht. Ich fände ganz schön, wenn ich dazu Talent hätte, habe ich aber nicht. Diese Nähe habe ich wirklich nie verloren, und deswegen war ich wohl nicht so traurig. Ich muß gestehen, daß mich das noch nie jemand gefragt hat, was Sie mich da mit der Trauer gefragt haben. Ich kann auch keine andere Antwort darauf geben.

Wieder in Deutschland

Sie sind dann 1956 nach Deutschland zurückgegangen. Ist es richtig, daß Sie dann angefangen haben, schriftstellerisch zu arbeiten?

Ja, das stimmt. Ich habe auch erst, als ich wieder zurück nach Deutschland kam, angefangen, die Briefe selber abzuschreiben. Die Briefe meines Mannes habe ich immer mit mir – ich muß schon sagen – geschleppt. Das heißt, erst habe ich sie noch in Deutschland gelassen, als ich mit dem Schiff, mit meinen Söhnen losgefahren bin. Meine Schwägerin hat sie mir ein Jahr später mitgebracht. So habe ich sie da gehabt. Aber ich habe damals nicht viel mit den Briefen angefangen.

Als ich nach Deutschland zurückkam, hat mir Gerstenmaier einen Beruf angeboten, der mir gar nicht paßte.

Haben Sie den ergriffen?

Nein, nein, der paßte mir gar nicht. Er wollte mich zum Sekretär seiner Afrika-Gesellschaft machen. Das interessierte mich nicht. Ich wußte eigentlich nicht, wie ich mich beschäftigen sollte. Dann bin ich mit Annedore Leber[55] zusammengekommen, einer wirklich fabelhaften Frau, der Witwe von Julius Leber. Sie war dabei, ein Buch für ältere Schulkinder, eigentlich Berufsschulkinder, über den Widerstand zu schreiben, und sie wollte es nicht alleine tun. Sie wollte mich dazu haben; so haben wir das zusammen gemacht. Damals habe ich auch angefangen, in Schulen über Widerstand zu sprechen; zuerst von Berlin aus, habe erzählt. Ich kann überhaupt nur erzählen, nicht so gut Vorträge halten. Aber erzählen kann ich. Das habe ich dann gemacht.

Daraus ist das Buch »Für und wider – Entscheidungen in Deutschland 1918–1945« geworden.

Das ist vergriffen.

Ich denke, das gab Ihnen einen guten Start in Deutschland.

Ja, und leben in Berlin gab mir einen guten Start. Ich bin in Berlin gelandet, konnte nichts anderes finden, was mir gemäß war; konnte mich nicht dazu entschließen, mich in Westdeutschland anzusiedeln. Sonstige Beziehungen hatte ich zu Deutschland eigentlich nicht. In Berlin habe ich in diesen drei Jahren vielerlei solcher Arbeit gemacht.

Sind in dieser Zeit die ersten Briefe veröffentlicht worden?

Nein, die ersten Briefe sind sofort nach dem Ende des Nationalsozialismus in England veröffentlicht worden und danach in Deutschland nur die beiden letzten Briefe[56] vom Prozeß. Henssel hat sie veröffentlicht, mein Schwager, der einen kleinen Verlag hatte. Ich habe in Südafrika die Einleitung zu der deutschen Ausgabe der Briefe geschrieben. Als ich zurückkehrte nach Deutschland, gab es diese Briefe. Aber sonst nichts.

Die anderen Briefe habe ich dann in Auszügen abgeschrieben. An Veröffentlichung habe ich damals nicht gedacht, aber daß meine Söhne in der Lage sein müßten, etwas mehr von ihrem Vater zu lesen. Ich habe ausgesucht nach politisch interessanten Sachen und was meine Söhne interessieren könnte. Das habe ich in den Jahren in Deutschland gemacht. Ganz lange Zeit hat das gedauert. Die Gefängnisbriefe habe ich sogar erst hier, viel später, abgeschrieben.

In Deutschland fing für Sie also die intensive Arbeit mit dem unschätzbaren Quellenmaterial an, das diese Briefe darstellen. Gleichzeitig muß aber begonnen haben, was Sie 1960 in die USA führte.

Das will ich Ihnen gleich schildern. Aber wenn Sie mich so fragen, denke ich mehr über diese vergangenen Zeiten nach. Als ich zurück nach Deutschland kam, da ging's der Bundesrepublik schon ganz gut. 1956 fing alles an, sehr viel rosiger auszusehen. Da hatte ich doch auch den Eindruck, daß der Widerstand zu kurz kam, daß jeglicher Widerstand zu kurz kam, nicht nur der Kreisauer Kreis. Ich fand, daß da ein Vermächtnis war, das zwar nicht viel Erfolg zeigte, aber doch zu den Schrecklichkeiten des »Dritten Reichs« dazugehörte.

Fast naiv habe ich gedacht, die Deutschen wären froh, daß es ein paar Menschen gegeben hat, wenige, die schwache Versuche gemacht haben, schwache. Der Widerstand ist schwach gewesen, ganz ohne Frage. Ich fand, daß wir, die wir das miterlebt haben, dazu etwas tun könnten. So habe ich mich bewußt in diesen Jahren an dem Verbreiten dieses Teils jener schrecklichen Jahre beteiligt. Das möchte ich noch sagen, ehe Sie mich zu dem Thema USA bringen.

Eugen Rosenstock-Huessy

Diese historische Arbeit, das Berichten von Erfahrungen, kam damit zusammen, daß Sie Eugen Rosenstock-Huessy wiederholt begegneten. Vielleicht ist jetzt Gelegenheit zu sagen, wie Rosenstock-Huessy in diese ganze Entwicklung hineingehört?

Das ist eine lange Geschichte. Mein Mann hatte durch eine Bekanntschaft mit dem Landrat von Waldenburg, den ich vorhin schon nannte, erfahren und auch mit eigenen Augen festgestellt, daß in diesem Kohlenrevier völlig unmögliche soziale Verhältnisse herrschten.

War das in den zwanziger Jahren?

Ja, in den späten zwanziger Jahren, als er in Breslau studierte. Die Leute mußten unter grauenhaften Bedingungen leben, diejenigen, die Arbeit hatten. Außerdem gab es viele Arbeitslose. Er fand es unerhört, daß in Deutschland solche Zustände geduldet würden.

Zunächst brachte er ausländische Journalisten nach Waldenburg und versuchte, das durch die Presse bekanntzumachen. Er war so besorgt, daß er darüber mit seinem Vetter Trotha sprach, und der wiederum besprach es mit einem Studenten der Breslauer Universität, mit seinem besten Freund, Einsiedel. Dieser sagte: »Hier gibt's einen Mann, den müssen wir zu Rate ziehen, Rosenstock-Huessy.« Der war damals Professor für Rechtsgeschichte und Handelsrecht. Er war Ordinarius, was in Deutschland ein stark überbewerteter Begriff ist. Denn die Universitäten, mit Ausnahmen, haben sich in den Nazi-Jahren als politischer und moralischer Hintergrund nicht bewährt.

Rosenstock hatte also schon nach dem Ersten Weltkrieg seine Zweifel über die Universitäten. Trotzdem, weil er seine Familie ernähren mußte, hatte er dann doch einen Lehrstuhl in Breslau angenommen. Aber an sich wollte er sich nach dem Ersten Weltkrieg nicht wieder in die Universität begeben, sondern sich für die Erwachsenenbildung einsetzen, besonders für die Bildung der Industriearbeiter.

Er war kein Marxist, doch er hoffte, daß es einen Weg gäbe, die Arbeiter an einen geistigen Besitz heranzuführen, den sie nicht hatten und der ihnen zu gönnen war. Das ist alles noch vor Breslau. Nachdem er an der Front gewesen war, ist er, anstatt als Professor zurückzugehen nach Leipzig, wo er Privatdozent war, zu Daimler-Benz, zu Mercedes nach Stuttgart gegangen und hat da, mit einem der Vorstandsmitglieder, eine Werkszeitung für die Arbeiter herausgegeben. Er hat sich überhaupt sehr für die Struktur der industriellen Arbeit interessiert; die Werkszeitung wird gerade wieder aufgelegt.

Dann ging diese Arbeit zu Ende, und er bekam einen Ruf, in Frankfurt eine Akademie der Arbeit mitzubegründen, die es heute noch gibt und die eine

Erwachsenenbildungsstätte war. Bei dieser Gründung lag die Macht bei den Sozialdemokraten. Weil er kein Sozialdemokrat war und im Bereich der Politik eigene Wege gehen wollte, hat sein Aufenthalt in dieser neuen Akademie der Arbeit nicht lange gedauert. Er wurde arbeitslos. Da er nicht wußte, wie er seine Familie ernähren sollte, hat ihm Becker[57], der Kultusminister von Preußen – ein außergewöhnlicher Mann, der viel für Lehrerbildung tat und moderne Wege ging, ein erstaunlicher Mann der damaligen Zeit –, angeboten, in Breslau Ordinarius für Rechtsgeschichte zu werden. Rosenstock ist ursprünglich Rechtshistoriker gewesen. Dieser Mann, der ein begnadeter Lehrer war, konnte seine Studenten begeistern, ihnen viel beibringen und hatte viele Freunde unter den Studenten.

Rückblende: Löwenberger Work Camps

Diesen Mann nun fragten Moltke, Einsiedel und Trotha: »Was können wir für Waldenburg tun?« Das paßte Rosenstock sehr, denn er wollte weiter Erwachsenenbildung machen, war auch nicht sehr glücklich an der Universität in Breslau. Er wollte sich gern weiter einsetzen und sagte – jetzt kommt das Wort, was in Deutschland nicht mehr zu benutzen ist, was ich darum auf englisch aussprechen werde: »Da wollen wir mal ein Arbeitslager machen, da wollen wir mal Leute zusammenrufen, die dazu etwas zu sagen haben. Wir wollen morgens arbeiten und nachmittags diese Fragen besprechen, denn ich glaube, daß man mit gemeinsamer Arbeit besser zu etwas kommt, wenn man schon mit Spannungen anfängt.« Sie haben nämlich zu diesem Arbeitslager junge Bauern, junge Arbeiter und junge Studenten eingeladen. Da können Sie sich vorstellen, daß das an sich nicht gut zusammenpaßt.

Diese Löwenberger Arbeitsgemeinschaft[58] ist 1927 in Kreisau gegründet worden. 1928 war das erste Work Camp, ich sage jetzt Work Camp. Die englische Sprache hat nämlich zwei Wörter: Sie kennt das Labour Camp; das ist das, was wir später erlebt haben, das böse Arbeitslager. Diesen Unterschied gibt es in der deutschen Sprache nicht. Ob sie dort viel zur Lösung der Fragen beigetragen haben, kann ich nicht beweisen. Ich weiß es nicht und glaube, eher nicht. Aber das Interessante an diesen Lagern ist, daß im Grunde die Teilnehmer diejenigen sind, die den größten Gewinn davon gehabt haben. Das hat sich immer wieder erwiesen. Rosenstock gründete dann noch mehr solche Lager. Reichskanzler Brüning war für diese Arbeit gewonnen worden. Er war davon so angetan, daß er die freiwilligen Work Camps einrichtete, vom Staat getragen. Die zunächst in Schlesien entstanden, waren natürlich private Angelegenheiten; Löwenberg liegt in Schlesien.

Danach kamen dann die Nazis. 1931 ist das letzte Lager gewesen. 1933 war es aus, und Rosenstock verließ schleunigst Deutschland. Er hat überhaupt kein Wort mehr in seiner Fakultät gesprochen. Er ist nach Berlin gegangen und dann direkt in die USA. Dann hat er dort angefangen zu lehren.

Aber nun kommt noch die – ich möchte sagen – existentielle Verbindung zwischen Rosenstock und dem Kreisauer Kreis. Als nämlich mein Mann an die Aufgabe ging, Menschen zu suchen, die planen könnten für die Zukunft Deutschlands, ist er sehr stark auf frühere Teilnehmer an den Work Camps in Löwenberg zurückgekommen. Yorck zum Beispiel hat dabei mitgewirkt, Reichwein, natürlich Trotha, Einsiedel und Moltke, Gauger[59], Christiansen-Weniger[60]. Das waren alles Leute aus dieser Zeit und aus dieser Erfahrung, die nachher bereit waren, mit Helmuth gemeinsame Sache zu machen. Darum hat Rosenstock eine innere Verbindung, die von Bedeutung war, und er hat auch eine wichtige methodische Verbindung mit dem Kreisauer Kreis. Denn dieser Gedanke, Menschen mit Spannungen, die nicht einer Meinung sind, miteinander sprechen zu lassen, das kommt von den Löwenberger Work Camps. Dies hat mein Mann aufgegriffen, und das war auch Yorck bekannt. Während in den Arbeitslagern die Arbeit das Verbindende war und die Freundschaften meistens aus dem gemeinsamen Arbeiten stammten, so war das Verbindende bei den Menschen im Kreisauer Kreis die Gegnerschaft zum Nationalsozialismus. Das war genug. Das hielt sie stark zusammen, so daß ein Sozialist mit einem Kapitalisten, ein alter Mann mit einem jungen Mann und ein Beamter mit einem freischaffenden Menschen zu sprechen bereit waren. Es waren starke Gegensätze. Man nahm sie an und ging damit um. Das stammt aus dem Work Camp.

Haben Sie an so einem Work Camp teilgenommen?

Nein, keineswegs. Ich bin zum erstenmal 1930[61] nach Kreisau gekommen. Da war mein Mann schon nicht mehr dabei; er war nur im ersten Lager.

Haben Sie Rosenstock-Huessy damals überhaupt kennengelernt?

Ich habe Rosenstock-Huessy kennengelernt, als er in die USA auswanderte, ohne mich sehr auf ihn einzulassen. Mein Mann sagte: »Ich habe einen Freund, der wird auswandern, den will ich noch mal besuchen.« Wir sind zusammen mit dem Bus durch Berlin gefahren und dort trafen wir diesen nicht sehr groß gewachsenen Mann, von dem ich mich erinnere, daß er zu meinem sehr groß gewachsenen Mann hinaufschaute und sagte: »Ich gehe.« Das ist, an was ich mich von diesem Treffen erinnere; es war eine Zeit, in der ich mich eben hauptsächlich für meinen Mann interessierte.

Das war 1933. Ich bin mit ihm mitgegangen, war froh, daß er Zeit hatte, mich mitzunehmen. Innerlich war ich gar nicht interessiert. Mein Bruder Carl, der nicht mehr lebt, erzählte mir später, am nächsten Tag wäre Rosenstock zum Mittagessen zu uns gekommen. Ich muß gekocht haben, aber das weiß ich auch nicht mehr. Rosenstock hätte gesagt, daß es keine Revolution ist, sondern eine Gegenrevolution. Daran erinnerte sich mein Bruder. Das hat er mir viele, viele Jahre später wiedererzählt. Das ist die innere Verbindung; deshalb habe ich überhaupt die Rosenstocks kennengelernt.

Rosenstock war mit einer Schweizerin verheiratet. Sie hatte den Namen Huessy. Er hat dann diese beiden Namen verbunden, wie das in der Schweiz oft ist, so daß die Familie jetzt Rosenstock-Huessy heißt. Sie nennt sich in den USA eigentlich nur noch Huessy und benutzt den Nachnamen Rosenstock, wie in den USA üblich, als zweiten Vornamen.

Wachsende Freundschaft

Wie kamen Sie nun mit Rosenstock-Huessy in den Jahren 1956 bis 1960 so in Verbindung, daß Sie in die USA übersiedelten?

Da ich ihn und seine Frau in Norwich besucht hatte, wollte ich ihn gern wiedersehen, als er in Berlin einen Vortrag hielt. Er kam dann oft nach Deutschland, auch manchmal zu Gastprofessuren für drei Monate. Ein Semester hielt er Vorlesung; das hat er oft gemacht.

So kam er 1956, als ich wiederkam, gleich nach Berlin. 1949 war ich in den USA, und 1956 kam er nach Berlin. Dann habe ich ihn eigentlich immer wiedergesehen, wenn er in Europa war. Ich bin aber selber nie wieder nach Norwich gekommen, erst nach dem Tode seiner Frau; seine Frau ist 1959 gestorben.

Inzwischen hatte ich mich mit ihm sehr nahe befreundet und ihn oft in Europa gesehen. Ich bin mit ihm und seiner Frau gereist, auch alleine, bin in Jugoslawien gewesen. Ich habe ihn wirklich viel gesehen und wieder einen Haufen Briefe bekommen! Nach dem Tode seiner Frau stand ich ihm so nahe, daß ich gar keinen Zweifel hatte; das ist ein kompliziertes Wort – es gibt da viele Worte, was ich tat: mit ihm leben, für ihn arbeiten, ihn betreuen, alles zusammen.

Vor allen Dingen paßte es auch ganz gut, weil mein jüngerer Sohn Konrad gerne auf eine amerikanische Universität gehen wollte; das lag daran, daß mein älterer Sohn Helmuth Caspar nach Oxford gegangen war.

Ich hatte in Kapstadt meine Söhne nicht in die dortige deutsche Schule geschickt; die gab's da. Es gibt in vielen großen Städten im Ausland deutsche Schulen; sie sind meistens gut, und die dortige war auch gut. Aber die waren fast nationalsozialistisch da, jedenfalls in einer Weise deutschnational, daß mir das nicht paßte. Ich habe immer gedacht, das Deutsche, das lernen sie von mir. Wir reden deutsch, und dann können sie deutsch. Da können sie doch ruhig in eine englische Schule gehen. So sind sie in Südafrika in einer guten englischen Schule gewesen und sind vollkommen zweisprachig aufgewachsen. Alle drei Familien. Wir haben miteinander deutsch gesprochen; es war erwachsenes Deutsch, und sie mußten, als sie nach Deutschland kamen, die nicht so eleganten Wörter schleunigst lernen. Die waren nicht in meinem täglichen Vokabular gewesen. Das haben sie aber schnell gelernt, besonders Konrad, weil er in Berlin noch drei Jahre in eine Schule gegangen ist und Abitur gemacht hat; während mein älterer Sohn kein Abitur hatte und darum nach Oxford ging, wo er leichter an die Universität konnte.

Ein europäisches Buch

Es war in diesen Jahren, daß Rosenstock-Huessys Bücher, die schon in den zwanziger Jahren geschrieben und veröffentlicht worden waren, in Deutschland wiederaufgelegt wurden, zum Beispiel »Die europäischen Revolutionen und der Charakter der Nationen«.[62]

Er hat ein wirklich schönes europäisches Buch geschrieben. Es gibt gar nicht viele europäische Bücher. Er hat darum ein europäisches Buch geschrieben, weil er eine große Gabe hatte, riesige Epochen, Zeitspannen zusammen zu sehen. Das ist genau das, was die Historiker heute nicht tun dürfen. Die haben alle Spezialgebiete, in denen sie perfekt sind, und verlieren vollkommen den Sinn für große Zusammenhänge. Rosenstock hatte diese Gabe und hat das später in den Staaten weiterentwickelt.

Er hat vor allen Dingen gesehen, daß mit dem Ersten Weltkrieg die eigentliche Geschichte Europas, die führende Rolle Europas, an ihr Ende gekommen war. So hat er über die Geschichte dieses Europas nachgedacht, über die 1000 Jahre der schönen Vielfalt Europas, und hat gezeigt, daß es da verschiedene revolutionäre Bewegungen gab.

Da er Rechtshistoriker war, hat er mit rechtshistorischen Dokumenten angefangen und sagte mir einmal: »Es gibt doch keine Urkunde, die ich nicht gelesen habe.« Das sagte er ganz trocken; das saß dann in seinem Kopf. Noch als er ganz alt war – er wurde sehr alt und dann auch wirklich alt –, konnte man ihn so beschießen mit einer Frage. Dann antwortete er auf das alles, obwohl er an sich vergeßlich geworden war. Das wußte er. Er ist ein sehr gelehrter Mann gewesen.

Wenn ich über Rosenstock länger reden sollte, muß ich zuerst sagen, daß er eigentlich immer quergelegen hat. Das ist die einzige Eigenschaft, die er mit meinem Mann gemeinsam hat.

Ich habe mit zwei querliegenden Männern ausführlich zu tun gehabt. Ich hab dann noch viel bei Rosenstock gelernt. Nicht so sehr durchs Lesen als durchs Sprechen und durch das Mit-ihm-Sein. So habe ich dieses Buch schätzen gelernt. Eigentlich habe ich erst, nachdem er nicht mehr lebte, angefangen, dies europäische Buch richtig zu lesen. Sogar die Franzosen, die etwas schwerfällig in solchen Sachen sind, hatten große Lust, dieses Buch auf französisch zu veröffentlichen. Auch ein Schweizer hat gesagt: »Es gibt gar nicht viele Bücher, die wirklich Europa als Ganzes schildern, und das tut sein Buch.«

Rosenstock hat immer gelehrt, daß man mit der Methode der Akademik nicht wirklich etwas über die Menschen aussagen kann. Das ist eins seiner Grundthemen; damit liegt er eben quer. Er hat so schöne Sachen geschrieben darüber, daß das Recht im Übergang ist und daß es lange Perioden gibt, in denen das Unrecht noch nicht Recht geworden ist. Auch daß die Akademiker für das Element der Zeit und des Zeitablaufs nicht viel Sinn haben, daß sie viel zu abstrakt denken. Ich weiß nicht, ob ich mich verständlich machen kann.

Das sind alles Gedankengänge, die vielleicht einer kommenden Generation geläufiger sein werden, falls nicht alles nur über Computer gemacht wird. Wenn man der Wissenschaft freien Lauf über die Menschen läßt, dann gibt's Atombomben. Aber so geht das nicht. Das genügt nicht. Für Menschen muß man anders denken. Menschen tun immer das Unerwartete. Man kann nie sagen, so wird's ausgehen. Wenn's um Menschen geht, weiß man's nicht. Das ist das Stärkste, das Schönste an uns, daß man nicht weiß, was wir morgen machen. Damit kann man keine Statistiken, die stimmen, aufstellen. Man kann viele Statistiken über viele Sachen gebrauchen und muß sie haben. Aber bei Menschen stimmen sie dann nicht.

Es ist schwierig, in wenigen Worten zu sagen, warum Rosenstock schwer in den Mainstream, in das Denken, hineinzubringen ist; ich bin da nicht stark genug. Ich habe seit seinem Tode dafür gesorgt, daß seine Bücher vorliegen, und das tue ich noch. Man muß warten, bis und ob er gefunden wird. Jedenfalls ist er ein überaus reicher und außerordentlich liebenswerter Mensch gewesen. Er hat wunderbare Sachen hinterlassen, den Amerikanern hier und auch den Deutschen. Ich kann mein Entsetzen nicht so ganz loswerden, daß Deutschland sich das leisten konnte, sowohl meinen Mann nicht haben zu wollen wie, auf ganz andere Weise – er war natürlich jüdischer Herkunft, sein Name sagt's –, Rosenstock-Huessy nicht gebrauchen konnte.

Anwältin für viele und vieles

Ich versuche, mir jetzt eine konventionelle Frage nach Ihrem beruflichen Werdegang zu stellen. Am Anfang war ein Jurastudium, als schon ziemlich klar war, daß Sie heiraten würden. Das führt jetzt zu einer Art Anwaltstätigkeit für die Geschichte und die Politik, die Sie miterlebten, und für den Denker Rosenstock-Huessy. Da ist eine starke Verpflichtung spürbar, denke ich, dazu beizutragen, daß dieser Verlust für Deutschland wieder eingeholt wird.

Ja, und auf diesem Gebiet tue ich auch alles, was ich kann. Ich bin auf diesem Gebiet nun schon ziemlich fortgeschrittenen Alters, ich weiß nicht, ob ich noch sehr viel machen kann. Aber die großen beruflichen Worte, die Sie genannt haben, die treffen im Grunde nicht auf mich zu. Ich habe mitgearbeitet an all diesen Sachen, und das tue ich eben noch. Inzwischen verstehe ich mehr vom Edieren und auch vom Schreiben. Aber ich bin im Grunde nie professionell gewesen, selbst nicht als Fürsorgerin.

Damals habe ich gedacht: Jetzt geh ich noch mal zur Universität und lerne noch in Kapstadt was, aber ich bin in den Beruf praktisch hineingekommen, weil die Universität erst im September anfing und wir schon im Frühjahr nach Kapstadt zogen. Ich ging nämlich zu dem Professor an der Universität und sagte: »Wie ist denn das? Bekomme ich ein paar Semester angerechnet wegen meines Studiums in Deutschland?« – »Nein, Sie bekommen nichts angerechnet. Aber sehen Sie doch erst mal in der Praxis, ob Ihnen das gefällt.«

Er hat mich an diese Organisation vermittelt. Ich habe angefangen, dort zu arbeiten. Ich bin dann nie wieder weggegangen. Die haben mir gesagt: »Was nutzt Ihnen denn ein Examen? Wenn Sie mal weggehen, schreiben wir Ihnen ein schönes Zeugnis.« Weil ich da gerne gearbeitet und genug verdient habe und alles gut ging, bin ich nicht mehr zur Universität zurück. So bin ich also auch keine professionelle Fürsorgerin.

Ich freue mich, daß meine später geborenen Schwestern jetzt wirklich alle eine Ausbildung haben. Das finde ich richtig. Ich finde es richtig, daß Frauen arbeiten. Aber ich glaube, daß ich Glück hatte. Ich habe trotz meiner dauernden Tätigkeit immer auch Zeit für das sorgende Element behalten, was den Frauen seit Jahrtausenden, ich möchte sagen, zu stark aufgebürdet worden ist, aber wovon man sich doch auch gerne etwas erhält. Ich habe mich deswegen immer im Grunde für dieses sorgende Element entschieden. Das fand ich wichtiger als irgendeinen Beruf. Ich bin ein Laie und bin eine Laiin geblieben und bedauere das nicht. Das ist unmodern.

Frau von Moltke, wie sehen Sie sich selbst? Wie sind Sie veranlagt?

Ach, gut für's Leben. Mehr kann ich dazu eigentlich gar nicht sagen. Wie ich veranlagt bin? Das ist doch so eine komplizierte Geschichte. Ich bin gut für's Leben. Ich bin auch ganz nützlich für andere Leute, zur Unterstützung in deren Leben. Das habe ich immer wieder festgestellt. Aber sonst mach ich mir doch gar nicht viel Gedanken über mein eigenes Wesen, sondern höchstens über mein Leben. Es ist schwer, Ihnen da mehr zu antworten.

Wie fühlen Sie sich in Ihrem Körper und mit Ihrer Seele?

Oh, das hat mich noch nie jemand gefragt! In bezug auf meinen Körper bin ich meinen Ahnen überaus dankbar, die offenbar sehr ordentlich gelebt haben; denn ich bin sehr gesund und auch zäh. Ich habe ein gutes Erbe, für das ich dankbar bin.

Für meine Seele? Ich habe eine Seele, und die lebt in mir, und sie wächst, und sie verändert sich. Aber über sie Aussagen zu machen?

Ich kann traurig sein. Ich kann sehr vergnügt sein. Ich bin in meinem Temperament wirklich eine Rheinländerin. Da will ich Ihnen eine Geschichte erzählen, die mir passiert ist gleich nach dem Krieg: Da hat man mich mal in die Schweiz geschickt. Ich sollte für Deutschland ein bißchen reden, weil ich nicht so viel zu verbergen hatte wie viele Deutsche. Da war ein Pastor aus dem Rheinland, der war auch im KZ gewesen, deshalb war er auch draußen. Der sagte zu mir: »Wissen Sie, wenn ich nicht ein Christ und ein Rheinländer gewesen wäre, hätte ich das nicht überlebt.« Eigentlich, muß ich sagen, daß das auf mich auch zutrifft. Das sagt was über Seele aus.

Haben Sie im Laufe Ihres Lebens etwas Besonderes für Ihre Gesundheit getan? Haben Sie sich bemüht, bewußt gesund zu leben? Gibt es diesen Gedanken überhaupt bei Ihnen?

Ich habe wohl auch von diesen Ahnen einen Sinn für Maß mitbekommen, das hat mir immer geholfen. Obgleich ich gerne esse, gerne trinke. So bin ich nie in Gefahr gewesen, von einer Sache zu viel zu unternehmen; das hat mich beschützt. Ich bin noch nie in meinem Leben so persönliche Fragen gefragt worden, wie Sie sie mir jetzt stellen.

Ich bin sehr gerne Frau

Jetzt kommt gleich noch eine: Haben Sie sich jemals gewünscht, ein Mann zu sein?

Niemals, ganz im Gegenteil. Da kann ich Ihnen eine klare Antwort geben. Ich bin sehr gerne Frau.

Was denken Sie über die Machtverhältnisse zwischen Mann und Frau in der Gesellschaft?

Ich denke, daß Mann und Frau zusammen immer noch das Beste sind! Wie sich innerhalb etwas so Schönem, wie ein Mann und eine Frau, die wirklich gut miteinander leben können, wie sich da das verteilt in solch einer herrlichen menschlichen Konstellation! Das ist immer ganz anders. Das ist für jeden ganz anders. Aber es lacht mein Herz, wenn ich solche Paare jetzt noch sehe. Ich habe wirklich kurz das mit meinem Mann erlebt, eine solche schöne, wunderbare Einheit. Ich habe – das muß ich jetzt hier ganz offen sagen – mit dem uralten Rosenstock auch noch mal so etwas Ähnliches erlebt. Es war kurz, aber auch ein herrliches Zusammensein von einem Mann und einer Frau. Das ist das Beste, was es auf der Welt gibt. Das ist allerdings meine Ansicht.

Da Sie 1960 in die USA gekommen sind, haben Sie die Anfänge der neuen Frauenbewegung in Amerika miterlebt. Haben Sie die Ideen der Frauenbewegung verfolgt? Interessiert Sie das?

Das interessiert mich sehr. Etwas ungerecht finde ich, daß man so tut, als ob das jetzt erst angefangen hat. Ich weiß keine Zahl zu nennen, aber es gibt mindestens zwei Generationen, die schon sehr stark für ihre Rechte und Gleichberechtigung, für die Emanzipation der Frauen gekämpft haben; das ist immer weitergegangen. Wie alles, was eigentlich auf der Welt passiert, geht es drei Schritte vor und zwei zurück. Es gab dann immer Phasen, in denen das nicht so deutlich war. Ich war mir schon dieser Generation, die das Wahlrecht erkämpft und Berufe ergriffen hat, ganz bewußt. In den Staaten gibt es Frauen, die Colleges leiteten und sagten: »Meine Kinder kann ich nur im Juli, August, September bekommen.« Sie haben Kinder bekommen und ihre Arbeit gemacht, und die Kinder sind nicht zu kurz gekommen. Das kann natürlich stark der Fall sein und ist heute sicher oft noch ein großes Problem.

Aber es ändern sich ja nicht nur die Frauen, sondern auch die Männer, und die Männer lernen. Viel von dem, was früher nur die Frauen gemacht haben, machen die Männer auch und recht gut. So werden heute – was langsam weitergeht – Freiräume für die Frauen geschaffen, in denen sie Eigenes unternehmen können und nicht nur Hausfrau und Mutter sind.

Gibt es hier in Norwich ein Frauenhaus, das heißt, ein Haus der autonomen Frauenbewegung, in das sich Frauen, die von ihren Männern geschlagen werden, flüchten können?

Das gibt's nicht in Norwich; denn wir sind nur ein kleines Dorf. Das gibt's in Hanover.[63] Meine Schwiegertochter arbeitet da mit. Sie denken vielleicht, wir hätten hier eine idyllische Gegend, weil es landschaftlich so schön ist. Aber Sie würden sich wundern, wie beansprucht dies Frauenhaus ist.

Sie haben von dem Versuch der Frauen gesprochen, mehr Freiraum für sich zu gewinnen und wie das mehr oder weniger gut gelungen ist. Glauben Sie nicht, daß die gesamten Strukturen in unserer Gesellschaft – auch in der Politik – patriarchalisch sind und daß es andere Modelle, andere Vorstellungen geben könnte, wie diese Gesellschaft zu gestalten sei? Glauben Sie, daß das auch Auswirkungen haben könnte auf die Politik und auf die großen Probleme, mit denen wir heute zu tun haben, zum Beispiel im Umweltschutz?

Sie sprechen aus, was wirklich im Gange ist. Nur kann man sich nicht wundern, wenn 100 000 Jahre lang die Frauen in der minderen Rolle gewesen sind, daß sich dann nicht in fünf Minuten alles ändern kann. Aber, vom Westen ausgehend – und da muß ich wirklich sagen –, im Grunde vom Christentum ausgehend, wird sich das auf der ganzen Erde ändern. Wenn sie hoffentlich noch lange in ihrer Schönheit besteht und nicht von uns total verdorben wird. Das sind alles Fragen, die uns heute brennend angehen.

Die Rolle der Frau wird eine andere werden, eine gleichberechtigtere. Wir reden hier darüber so, als ob die Emanzipation der Frau überall gelungen wäre. Es ist nur ein kleiner Bruchteil der Frauen auf dieser Erde, auf die das zutrifft. Wenn Sie Afrika und Asien als Beispiel nehmen, dann sehen Sie, daß die Frauen teilweise Sklavenarbeit verrichten und daß das als selbstverständlich gilt. Der sehr verbreitete mohammedanische Glaube – soweit ich das verstehe – betreibt dies aktiv weiter. Das wird sich alles ändern; aber daß das Jahrhunderte in Anspruch nehmen wird und nicht zehn Jahre, das kann doch gar nicht anders sein.

Ich finde die Geschichte der Bibel, die ganze Schöpfungsgeschichte, außerordentlich zutreffend. Es ist unerhört, daß einer das so geschildert hat, wie es nicht passiert ist und doch passiert ist. Die Schaffung der Eva aus der Rippe des Adams, das spricht Bände! So ist es ganz bestimmt nicht gewesen.

Das muß sich ändern: Auf die Dauer wird die Eva nicht mehr aus der Rippe des Adam entspringen. Das ist natürlich das Bild des jüdischen und christlichen Glaubens. Das ist doch das Beherrschende, der Antrieb, die bewegende Kraft, der Geist unserer westlichen Welt gewesen und noch andere Sachen dazu. Die Hauptsache sind immer die Herzens- und Glaubenssachen. Das sind die treibenden Elemente im menschlichen Leben. Je stärker sie sind, desto mehr kommt raus. Das jedenfalls ist meine Ansicht. Da wird sich die Stellung der Frau ganz gewiß enorm und zum Vorteil der Erde verändern.

Es ist nicht alles miserabel auf der Welt; obgleich man in den Medien leider immer die Schreckensgeschichten sieht und viel weniger die kleinen und leisen Ansätze. Die schönen Sachen passieren manchmal sehr leise, und man merkt es erst später. So ist das mit der Frauensache. Da haben wir eine große Zukunft.

Ich habe dazu auch eine Anekdote zu erzählen: Eine in der Umwelt aktive Frau, bei den schwierigen Problemen zwischen Kanada und den Vereinigten Staaten, wurde in einer Frauenrechtssache gebeten, sich zu beteiligen. Da sie in diesen Umweltfragen aktiv ist, hat sie eigentlich keine Lust gehabt und gesagt: »Soll ich das auch noch machen?« Daraufhin hat ihr Mann ganz ruhig gesagt: »Wenn du mit der größten Revolution, die es augenblicklich auf der Erde gibt, nichts zu tun haben willst, dann brauchst du es nicht zu machen.« Das beschreibt die Lage sehr gut.

Sind Sie jemals in Ihrem Leben eifersüchtig gewesen?

Nein, ich bin nicht eifersüchtig gewesen. Denken Sie mal, was für ein Glück! Das wenigstens ist mir erspart geblieben. Es ist ein schreckliches Gefühl, ein ganz zerstörerisches. Eifersucht gehört natürlich doch zur Liebe.

Mir ist aufgefallen, daß Sie von Frauen oft von Schwestern sprechen. Ich habe in der Vorbereitung auf unser Gespräch ein bißchen Rosenstock-Huessy gelesen. Da ist mir eine Stelle aufgefallen in dem Text »Die Tochter«[64]*. Ich lese sie vor, weil sie mir von diesem Mann, der das 1920 schrieb, ungewöhnlich erscheint. Es ist eine ganz merkwürdige Sprache:*

»Jetzt wächst gerade die Kraft, um die der Christ gekommen ist, dem Weibe zu, dem Weibe, das er mied, der irdisch Liebenden, der irdisch Lieblichen. Sie wächst ihr aber zu, damit sie ihn liebe, den kraftlos gewordenen, den Mann, damit erschütternde Kraft auf die geistesverlassene Erde hinunterreiche und ihn zu ergreifen vermöge, um ihn und ihre Schwester zu verwandeln.«

Das ist eine erstaunliche Aussage, die möglicherweise etwas mit der Erfahrung des Ersten Weltkrieges zu tun hat. Rosenstock hat diesen Text 1920 geschrieben. Ich denke, daß dieser Hinweis, »um ihn und ihre Schwester zu verwandeln«, eine Art von Liebe meint, die Eifersucht und besitzergreifende Liebe ausschließt und ein anderes Verständnis von Liebe versucht.

Ich glaube, daß es wahr ist, was Sie da sagen. Das hat auch mit den Seelen zu tun, nach denen Sie vorhin gefragt haben. Es sind sehr schwierige Aufgaben für die menschliche Seele, solche Fragen zu durchleben. Es ist eine Lebens- und Seelenfrage. Darin ist wahrscheinlich viel dieser Zukunft der Frauen enthalten. Aber wir sind so am Anfang, daß ich dazu nicht viel auszusagen habe. Was denken Sie denn darüber?

Ich frage mich, ob es möglich ist, wenn wir eine Veränderung der Beziehungen und der Machtverhältnisse zwischen Mann und Frau haben, eine Veränderung, die wir ganz in uns aufnehmen, ob es dann nicht eine umfassendere Liebe, zum Beispiel auch eine Liebe zu dritt geben könnte.

Ich habe vorhin gesagt: Jeder Fall ist ein einziger Fall. Daß man Regeln darüber aufstellte, daß dies eine Form des Zusammenlebens werden könnte, sich in dem Sinne die Ehe verändert, das würde ich nicht sagen. Die Ehe ist auch nicht ewig. Aber sie umfaßt eine lange Zeit. Ein solcher Vorgang, wie Sie ihn da ansprechen, ist eine Phase, eine kürzere Phase. Sehr selten wird sich das, von Fall zu Fall verschieden, auf lange Zeit so leben lassen; denn das hat eigentlich immer etwas mit Leidenschaft zu tun. Diese leidenschaftlichen Perioden im Leben aller Menschen sind kürzer als die stilleren Lebensperioden.

Traurig ist an der heutigen Zeit, daß die jungen Menschen sich das Zusammenleben zwischen Mann und Frau eigentlich immer, sehr oft unter dem Aspekt der leidenschaftlichen Periode vorstellen – die hält nicht ewig, sie kann auf- und abgehen, aber sie ist nicht eine stetige – und sie deswegen ihr Zusammenleben aufgeben. Deshalb eigentlich verstehen sie nichts mehr von Ehe; denn das Zusammenleben zwischen Frau und Mann in einer Ehe umfaßt bewußt die Krisen, die es gibt.

In einer Ehe ist eine Zweisamkeit. Das kann man nicht ändern. Wenn es dann zu Konstellationen zu dritt kommt, dann muß man dies durchleben, ohne daß es alles zerstört. Dann kommt ein Weiterleben, in irgendeiner Form. Aber daß dies ein Dauerzustand ist, das nicht. Aber es hilft vielleicht das Durchleben der kurzen Phasen und zerbricht das andere Leben nicht ganz und gar, wenn die Zweisamkeit sich wieder entwickelt. Eigentlich kann man das nicht theoretisch besprechen, sondern nur erleben. Solche Erlebnisse werden vielleicht mehr kommen und können anders durchlebt werden. So will ich gern bereit sein, das zuzugeben.

Ich möchte noch mal auf das Zitat von Rosenstock zurückkommen. Da ist etwas, was ich gar nicht mehr ertragen kann. Ich liebe die deutsche Sprache. Es sind Zeiten gewesen, in denen meine Verbindung mit Deutschland wirklich nur durch die Sprache heil geblieben ist. Es war so schrecklich und die Verzweiflung darüber, eine deutsche Person zu sein, so unangenehm, daß ich gedacht habe, wenn ich die Sprache nicht hätte, wäre ich doch ganz arm. Verglichen auch mit den anderen Sprachen, ist mir die deutsche so wichtig, daß ich dankbar bin, ein deutscher Mensch zu sein, weil ich die deutsche Sprache kenne.

Nach diesem Lob der deutschen Sprache muß ich sagen, daß es mich empörte, und zwar erst nach Rosenstocks Tod, daß das Wort »Weib« sächlich ist. Das ist eine solche Beleidigung der Frauen, wie man sie gar nicht schlimmer haben kann! Das ist in anderen Sprachen nicht so. Manche Menschen sagen, »das Weib« sei doch ein wunderbares Wort. Ja, das ist ein wunderbares Wort, aber Neutrum für uns? Das ist skandalös. Das nehme ich der deutschen Sprache übel, und so etwas ist immer mehr als nur ein Wort! Hinter den Sätzen, Worten, hinter der ganzen Sprache steht das gelebte Leben. Darum kommt nichts von nichts. Das hat mit den Deutschen zu tun, daß das Wort »das Weib« sächlich ist; das benutzte auch mein lieber Freund Eugen Rosenstock immerfort!

Es tut mir eigentlich leid, daß ich das erst entdeckt habe, nachdem er nicht mehr lebte. Ich hätte einen großen Kampf mit ihm darüber gehabt, daß er dies sächliche Wort für uns benutzt. So. Ich bin sehr zufrieden, daß ich das mal habe äußern können!

Alter und Tod

Ich habe Ihnen diese Frage gestellt, weil Sie älter sind als ich und weil Sie uns mit Ihren schönen Erfahrungen in der Liebe zu zwei Männern etwas darüber zu sagen haben. Nun möchte ich Sie fragen, wie es für Sie ist, älter zu werden. Älter werden wir immer, von

Kindheit an werden wir älter. Gab es Momente, in denen Ihnen klar wurde, jetzt werde ich wirklich älter, und jetzt ist es anders?

Ja, natürlich. Ich kann ganz gut beobachten, was in mir vorgeht; ich bin da ganz wachsam. Da sehe ich natürlich, daß ich älter werde und daß mir manches nicht mehr so gelingt. Das brauche ich Ihnen nicht zu schildern, wie das ist, wenn man alt wird. Ich habe viele von diesen Alterserscheinungen. Aber ich glaube, ich habe eine Neigung, die guten Seiten zu sehen. Sie haben mich vorhin gefragt, wie ich mich selber betrachte. Das kam so plötzlich. Ich habe auch mitbekommen, die guten Seiten zu erkennen. Das hilft sehr zum Leben. Darum habe ich auch eine Neigung, im Alter die guten Seiten zu sehen. Da sind gute Seiten.

Es ist eine sehr schöne Fähigkeit, nicht mehr Dinge aus eigenem Interesse zu tun. Wenn man alt wird, eigentlich nichts mehr ändern will, nichts zu erwarten hat, friedlich leben will, möchte man natürlich überhaupt keine Probleme mehr haben. Es ist entsetzlich: Mein Mut ist enorm zurückgegangen. Das ist geradezu erschütternd. Ich möchte es mir eigentlich bequem machen. Das gelingt mir aber nicht immer. Wenn ich dann in eine neue Situation komme, auch in eine neue Alterssituation, habe ich ein Talent zu entdecken, was denn eigentlich positiv ist. Da habe ich seltsamerweise festgestellt, daß ich fast im Präsens prägnanter bin, als ich je war, aber was Vergangenheit angeht, schon recht vergeßlich bin. Das hindert mich aber gar nicht, mit Ihnen jetzt so zu reden und das zu sagen, was ich Ihnen gerne sagen möchte. Das kann ich gut ausdrücken, und das kann ich sogar jetzt besser, bilde ich mir ein.

Dazu muß ich wieder eine Anekdote erzählen, die ich vom Eugen habe, von einem Pastor, der wunderbar predigte; das fand er jedenfalls. Er hat zu seinem Sohn gesagt: »Wenn ich eines Tages mal nicht mehr gut predige, dann komm doch bitte zu mir. Dann sagst du mir: Vater, jetzt mußt du aufhören zu predigen!« Die Zeit kommt. Der Sohn erscheint, und er sagt: »Vater, jetzt mußt du aufhören zu predigen.« Da sagt der: »Dummer Junge, ich habe nie besser gepredigt als heute!« So habe ich immer Angst, daß ich mir vielleicht auch einbilde, daß das so ist. Das hat mit dem Alter zu tun. Ich weiß es nicht. Ich bin nun aber durch diese schöne Geschichte so skeptisch geworden, daß ich auf mich aufpasse. Das ist eine physische Alterserscheinung.

Wenn ich müde bin und kann nicht mehr, dann beklage ich mich selbst. Ich lebe allein. Deswegen merkt das niemand. Bis ich wieder aus der Tür rauskomme, merken sie's nicht mehr. Das ist das Alter. Es hat sehr gute Seiten.

Es ist noch etwas am Alter, das bestimmt richtig ist – das hat Goethe auch gesagt –, was auch etwas Schönes ist: Als junger Mensch nimmt man alles als selbstverständlich. Als alter Mensch erscheint es als Wunder. Man staunt, man staunt! Das Staunen lernt man ganz spät im Alter. Das ist was Wunderschönes.

Es ist doch unglaublich, was uns umgibt und was wir selber sind und was in den Menschen ist. Es ist unglaublich, was in jeder Ameise ist; dieses Staunen vor dem Wunder, das wird im Alter viel stärker. Das habe ich auch schon andere Leute sagen hören.

Sie haben den Tod von zwei Menschen, von zwei Männern erlebt, die Sie geliebt haben. Wie sehen Sie Ihrem eigenen Sterben und Tod entgegen?

Wirklich ganz positiv. Ich habe eigentlich schon genug gelebt. Wenn ich mich so innerhalb meiner Familie und meines Freundeskreises umsehe, dann denke ich: Ich bin doch noch ganz nützlich, nur da zu sein.

Was mich selber angeht, habe ich eigentlich wirklich schon genug. Die große Frage ist nicht, daß man stirbt, sondern wie man dahin kommt; das macht fast allen Leuten Sorge. Da kann man nichts machen. Man weiß nicht, was für Schwierigkeiten, Krankheiten, auf einen zukommen.

Das Wie bleibt ein großes dunkles Tor. Aber das Sterben selbst? Ich habe doch schon sehr lange gelebt. Davor habe ich wirklich keine Sorge. Angst? Ja, vor dem Wie, aber Angst ist nicht das richtige Wort. Ich bin gerne bereit zu sterben. Aber ich glaube nicht, daß es gleich um die Ecke rum ist. Aber wer weiß?

Glauben Sie, daß es ein Leben nach dem Tod gibt? Was bedeuten Ihnen Ihre religiösen Überzeugungen und christlichen Erfahrungen, die Sie im Laufe des Lebens gemacht haben und die Ihnen in schweren Zeiten geholfen haben?

Wie wir im Neuen Testament lesen können, wird so etwas wie ein Weiterleben versprochen. Nun bin ich zwar eine Anhängerin dieses Mannes, der diese Sachen alle für uns in die Welt gesetzt hat; aber ich brauche nicht anzunehmen, daß jedes Wort, was dort steht, nun genau zu nehmen ist. Ich bin durchaus keine Anhängerin von den Sekten, die an jedes Wort in der Bibel glauben. Ganz und gar nicht. Also fühle ich mich nicht dadurch gebunden, daß das, was da steht, nun wirklich ist. Zu der Frage, ob etwas nach dem Tode passiert, steht für mich ein vollkommenes »Das weiß ich nicht«. Damit begnüge ich mich und mache mir überhaupt keine Vorstellungen.

Andererseits fühle ich doch sehr deutlich – ich habe das schon versucht anzudeuten, aber mehr als andeuten möchte ich es nicht –, daß meines Mannes Leben auf mein Leben Einfluß hat, wie auch immer. Was das bedeutet, weiß ich nicht. Am Anfang habe ich oft mit meinen lieben Freundinnen darüber gesprochen, wie wir allein weiterleben wollten. Dann habe ich immer gesagt: »Nach dem lieben Gott habe ich gar keine Sehnsucht. Aber nach Helmuth habe ich Sehnsucht.«

So hat sich das vielleicht etwas verschoben. Ich weiß es nicht. Ich bin bereit, mit dem »Ich weiß es nicht« weiter und bis zum Ende zu leben. Das hat – soviel ich weiß – auch Bonhoeffer gesagt: »Man muß versuchen, ohne Vorstellungen zu leben.« Das ist sehr schwer, denn Menschen brauchen Bilder. Sie brauchen Bilder dafür, wie es weitergeht. Ohne Bilder zu leben, ist nur dann nicht schwer, wenn man diese nahe Wärme innerlich noch zu den Menschen hat, die gestorben sind. Das hat sich verstärkt mit Rosenstock.

Da sind auch andere Menschen, die schon gestorben sind, die ganz aktiv an meinem Leben teilnehmen. Wie das kommt, weiß ich nicht. Das ist vielleicht eine Gabe, die ich habe. Es geht da wirklich etwas weiter in den Menschen, die weiterleben; was sehr schön ist, wenn es eine wirklich warme Verbindung gewesen ist. Die einem sehr wichtig sind, leben in einem selber wunderbar weiter. Das ist ein Talent, das ich offenbar habe und was in meine Seele gehört.

Die Menschheit als ein Mensch

Glauben Sie, daß das Leben eines jeden Menschen einen Sinn hat?

Klar.

Das wollen Sie alles der Nachwelt hinterlassen, was ich hier sage?

Ich glaube, daß wir uns zu individuell sehen. Jetzt kommen meine Bilder, denn keiner kann ohne Bilder leben. Ich verbiete mir die Bilder zu dem, was nach dem Tode kommt. Natürlich habe ich für unser Leben auch Bilder; insofern glaube ich, daß wir uns viel zu individuell betrachten. Ich glaube, daß es sozusagen nur einen Menschen gibt. Das kommt übrigens auch von Eugen Rosenstock, daß man uns über diese vielen Zeiten hinweg als einen Mensch zu sehen hat.

In diesen Organismus von vielen, vielen Menschen, da gehört jeder rein. Das ist im Grunde dasselbe Bild, das unser Körper bestätigt, der auch zusammengesetzt ist aus guten und bösen Zellen. Da kommt im Ganzen entweder eine Harmonie heraus oder bei armen kranken Menschen kommt keine Harmonie heraus. Ich halte es für möglich, daß wir alle zusammen, wir vielen Menschen über die langen Zeiten, vielleicht ein Mensch sind, in dem jeder einen kleinen Sinn hat. Das ist schon ein sehr anspruchsvolles Bild.

Gehören in diesen Sinnkörper auch Menschen, die Sie verachten können oder die Sie verachten? Gibt es Menschen, die Sie verachten?

Mindestens zeitweise verachte ich sie. Ich bin wohl sehr privilegiert. Wenn Sie meine Geschichte hören, habe ich allerlei durchgemacht. Aber ich habe doch ein außerordentlich glückliches Leben gehabt. Es ist mir vollkommen bewußt, daß ich es wirklich unerhört gut gehabt habe, und das betrifft auch mein Verhältnis zu anderen Menschen. Ich habe oft in schwierigen Lagen meines Lebens reagiert mit Gedanken, die man gar nicht ausschalten kann. Man denkt sie einfach und ruft sich dann zur Ordnung, wenn das Gedanken sind, die man gar nicht gerne denken möchte. Ich hatte immer das Glück, in den wirklich wichtigen Kernaugenblicken meines Lebens das zu denken, was mich weitergeführt hat. Es ist positiv gewesen, auch sehr in dem Verhältnis zu den Menschen.

Was die Nazis angeht: Ich war unglücklich, verzweifelt über die schrecklichen Opfer, das Leiden, das oft die Menschen so entsetzlich getroffen hat. Aber ich habe sie als Verirrte angesehen. Im eigentlichen Sinn habe ich sie nicht mit Kraft gehaßt, was vielleicht eine viel lobenswertere Haltung gewesen wäre. Ich habe sie mehr bemitleidet als gehaßt, als Verirrte empfunden und habe das Gefühl gehabt, daß es mir besser geht; darum kann ich so denken, wie ich denke. Viele, die Hitler verführt hat, haben diesen Reichtum – Reichtum ist ja nicht nur, was im Portemonnaie sitzt – nicht gehabt. Darum sind sie dem Hitler verfallen.

Ich bin eine glücklichere Zelle in diesem großen Menschenorganismus als viele, viele andere, die manchmal wirklich unangenehmere Aufgaben haben. Es geht hier nicht immer gut, sondern oft sehr schlecht. Wie wird man damit fertig? Manche Menschen haben wirklich nur das Schlechte in ihrem Leben. Es geht nicht gerecht im Sinne von Menschen zu in diesem großen Menschenorganismus. Wenn Ihre Frage war, wie ich zu anderen Menschen stehe, bin ich ganz kritisch. Ich komme aus einer kritischen Familie. So sehe ich die Fehler der

Menschen, ob sie klein oder groß sind; ich finde viele Fehler klein. Dann korrigiere ich mich und sage: Sieh dir doch an, wie der hat leben müssen! Wie das ist, diese inneren Vorgänge, das kann man nicht beschreiben. Das ist wohl meine Seele, die sich damit beschäftigt. Denn an Seelen glaube ich.

Schwierige Worte: Vaterland, Heimat, Volk

Was bedeutet Ihnen Deutschland heute nach 30 Jahren Leben in Amerika? Ist es für Sie noch Vaterland?

Deutschland bedeutet mir viel. Aber Vaterland ist es nicht. Aber ich bin da so verwurzelt, daß ich mich in vielem dahingehörig fühle. Und ich brauche überhaupt nicht dort zu leben. Als ich nach der Geschichte des »Dritten Reiches« Deutschland verließ, haben viele Menschen mir gesagt, daß das Unrecht wäre. Ich hätte die Verpflichtung, in Deutschland zu bleiben. Dies habe ich überhaupt nicht empfunden, auch im Sinne meines Mannes. Wir sind nicht für Nationalinteressen eingetreten. Unser Interesse hatte mit Menschen zu tun. Auf der ganzen Welt kann ich dem nachleben.

So habe ich meine Entschlüsse nicht aus Rücksicht auf nationaldeutsche Interessen getroffen, sondern bin dorthin gegangen, wohin mich meine menschlichen Beziehungen zogen. Genauso ist es gewesen, und so bin ich auch hierhergekommen. Aber Deutschland bedeutet mir viel. Ich bin darin aufgewachsen, habe die einschneidendsten Jahre meines Lebens dort gelebt. Ich sagte schon, ich liebe die Sprache.

Ich habe auf beiden Seiten dieses großen Meeres Wurzeln und finde, daß das in heutigen Zeiten angemessen ist. Wir können nicht mehr nur national leben. Natürlich sehe ich, was jetzt in den östlichen Ländern passiert, daß da ein furchtbares Aufflackern der Nationalismen ist. Das wird noch lange dauern, leider. Es ist auch zu verstehen, daß so reagiert wird. Aber auf einer Erde, die so technisch lebt mit Flugzeugen, Autos, den Medien, da ist es doch gar nicht möglich, sich abzuschließen.

Außerdem kommt vor allen Dingen die Umwelt. Das Wichtigste, das große Thema unserer Zeit, das in diesem Maße noch gar nicht erfaßt wird von allen Menschen. Es ist doch völlig Ländergrenzen und Nationen übergreifend, daß wir die Erde lebendig erhalten! Da spielt es keine so große Rolle, wo man lebt. Man kann diesen Sachen, was einem wichtig ist, überall nachgehen. So sind wir wieder privilegiert, daß wir das können, daß es möglich ist, daß ich mich in Deutschland noch verwurzelt fühle und doch in den USA lebe. Ich habe große Dankbarkeit gegenüber den Vereinigten Staaten. Das ist der große Kontinent der Fliehenden, die Freiheit haben mußten, um weiterzuleben. Immer wieder sind die Flüchtlinge in großen Wellen hierhergekommen. In gewisser Weise ist das jetzt überall so; es geht weiter, überall weiter. Es ist nicht mehr das einzige Land, in das man gehen kann, wenn man Freiheit haben will.

Wir sind zum Beispiel neue Bürger der Vereinigten Staaten, ich bin nur ein Teilbürger. Man durfte in den ersten Jahren gar nicht mehr das Land verlassen, ohne die neue Staatsangehörigkeit zu verlieren. Wir sind nicht nur in den USA zu Hause und auch nicht nur in Deutschland zu Hause. Drei Enkel von mir haben jetzt in Berlin gewählt. Ihr Zuhause ist hier. Also, das sind doch eigentlich die Lebensmöglichkeiten. Ich will nicht unbedingt sagen, daß jeder so leben muß. Aber daß heute auch so gelebt werden muß, glaube ich allerdings. Deswegen finde ich, daß das gar nicht so unrecht ist, was wir hier machen.

Ich habe jetzt einen amerikanischen Paß, weil man mir den deutschen nicht gelassen hat. Ich erzähle Ihnen auch gerne, wie wunderbar ich heute weiter betrüge. Mein Paß ist abgelaufen, ungültig, aber ich habe ihn noch. Wenn ich zweimal im Jahr nach Deutschland einreise, nehme ich meinen deutschen Paß und halte ihn hoch. Wenn eine alte Frau mit einem deutschen Paß kommt, dann läßt man mich ruhig rein und guckt gar nicht hinein. Der ist ungültig.

Daran sehen Sie, daß es mir unangenehm ist, in Deutschland mit einem amerikanischen Paß einzureisen. Ich muß es, wenn's nötig ist; es paßt mir eigentlich nicht. Aber sie wollten mir die zwei Pässe nicht lassen.

Trotz dem, was Sie jetzt über Ihre Einstellung zur Heimat erzählt haben, möchte ich Sie fragen: Was bedeutet dieser Begriff für Sie?

Nicht viel. Ich bin mit zwanzig vom Rheinland nach Schlesien gekommen und war schnell in Schlesien mehr zu Hause als im Rheinland. Das ist dann so weitergegangen. Ich komme noch mal zurück auf die Wanderschaft. Ich habe mich immer stark an den Stationen meiner Wanderschaft etabliert und habe an dem dortigen Leben Anteil genommen. Das ist mehr als Wanderschaft. Darum möchte ich korrigieren, was ich gesagt habe: Aber wenn Sie »Heimat« sagen, ist das für mich kein wesentlicher Begriff. In dem Punkt bin ich anders als die unglücklichen Schlesier, die Schlesien verlassen mußten. Ich kann verstehen, daß sie viel mehr darunter gelitten haben als ich, als ich von dort weg mußte. Nur ärgere ich mich unerhört, wenn die Schlesier heute noch so tun, als ob das für sie noch die Rolle spielte. Sie sind längst in anderen Gegenden so verwurzelt, wie ich verwurzelt war, als ich weggegangen bin. Die Heimat, das wird von vielen Menschen übertrieben. Sie sollten zugeben, daß sie jetzt woanders zu Hause sind. Ich sage nicht »Heimat«. Das ist ein belastetes Wort für mich. Heimat und Volk, das sind schwierige Worte, das hat mit den Nazis zu tun. Das ist vielleicht ungerecht. Aber ich bin dann gern ungerecht.

Die Deutschen – vereinigt

Haben Sie geglaubt, daß Sie noch die Vereinigung der beiden deutschen Nachkriegsstaaten erleben?

Nein, das habe ich überhaupt nicht für möglich gehalten; es haben auch klügere Leute als ich nicht für möglich gehalten. Alle sind davon völlig überrumpelt worden. Ich habe auch die Teilung nie so schrecklich gefunden. Es ist schwer, das zu sagen, ohne viel dazu auszuführen. Natürlich bin ich mir darüber im klaren gewesen, wie schwer das Leben für die 17 Millionen Deutschen in der DDR gewesen ist oder für 15 Millionen. Uns anderen ging es gut.

Die Deutschen sind fraglos ein sehr begabtes Volk. Es gibt viele, die viel verstehen, wie die Juden. Da ist eine gewisse Ähnlichkeit – habe ich immer gefunden – zwischen den Juden und den Deutschen. So furchtbar antisemitisch waren die gar nicht, nicht mehr als andere Länder. Sie haben sich nur von den gräßlichen Nazis übernehmen lassen. Da war's dann geschehen.

Die Deutschen sind ein begabtes Volk. Aber ihre besten Leistungen haben sie eigentlich vollbracht, wenn sie politisch nicht stark waren, sondern in viele kleine Teile geteilt. Schließlich ist das imperialistische Deutschland erst im vorigen Jahrhundert entstanden; das war keine gute Periode. Deswegen habe ich immer gedacht, die Aufteilung Deutschlands ist eigentlich fruchtbar gewesen. Es ist immer noch ein sehr verschiedenartiges Land; es liegen

Welten zwischen Bayern und Norddeutschland. Das alles zu vereinigen, ist dem großen Europa gar nicht gut bekommen. Darum habe ich gedacht, wenn die aufhören, so zu leiden, dann ist's ganz gut, Deutschland ist noch geteilt.

Ich sehe die Stärke Deutschlands mit Sorge, aber das ist zu viel gesagt. Denn die Deutschen haben sich sehr verändert. Sie sind viel mehr eingebunden in eine größere Einheit, als sie es je waren. Sicher, diese ganze Weltkonstellation hilft den Deutschen, keine Übermacht mehr zu haben. Aber sie werden bestimmt eine wichtige Rolle in den nächsten 100 Jahren spielen müssen, wenn alles einigermaßen gut geht. Vor allen Dingen als dazwischenliegendes Land nach Osten hin. Sie werden eine Rolle spielen, weil sie tüchtig sind und weil sie viel zu geben haben. Nur, sie müssen bereit sein zu geben. Sie sind von sich sehr eingenommen – ich glaube, das sind alle Nationen. Aber ich kenne die Deutschen besser: Sie sind von sich viel zu sehr eingenommen. Man ist ein besserer Geber, wenn man nicht zu stolz ist.

Die Deutschen denken immer, sie machen alles am besten und sind mitunter arrogant. Das müßten sie aufgeben und ihre Macht, ihre Kenntnisse, ihre Hilfestellung als einen Dienst ansehen, nicht mit erhobenem Zeigefinger. Über den erhobenen Zeigefinger klagten schon die Polen hinsichtlich der DDR, weil die DDR tüchtiger war als die Polen. Tüchtigkeit an sich ist gar keine Tugend. Aber die Deutschen denken, sie sei eine Tugend. Tüchtigkeit ist nützlich, aber eine Tugend ist es nicht.

Ich mache jetzt Aussagen, die ich vielleicht später nicht mehr machen würde. Aber ich glaube, daß ich meine Haltung zu den Deutschen damit ganz gut schildere. Es ist nicht nur ein ungetrübtes Verhältnis.

Wie sehen Sie die Probleme, die jetzt das vereinigte Deutschland hat? Zum Beispiel die Ausländerfeindlichkeit, die in den neuen Bundesländern deutlich wird, die wir aber in den alten Bundesländern auch haben. Wo sehen Sie eine Lösung?

Die Lösung sehe ich auf längere Zeit nur durch das Zusammenleben. Im Grunde verwundert mich nicht, daß das nun rausschießt. Die Freiheit, die jetzt vorhanden ist, ist keine Freiheit nur zu guten Taten. Sie gibt den Menschen wirklich mehr Möglichkeiten zu tun, was sie wollen. Es ist Freiheit, die sie oft in nicht wünschenswerter Weise benutzen.

Auch der große Mensch Deutschland hat verschiedene Zellen. Ich hoffe, daß es möglich sein wird, dies zu verkraften innerhalb derer, die anders denken. Es ist eine Tatsache, daß es zu Ausschreitungen kommen wird; es wird so weitergehen. Aber von den stärker gewordenen anderen Menschen in Deutschland wird es ausgetragen werden.

Zum Beispiel das Auto fahren in Deutschland und das Auto fahren in Amerika: In Deutschland fährt jeder als Individuum, in Amerika fahren die Leute als ein Team. Sie sind überhaupt gute Teamarbeiter, das ist ihre Stärke. Das kommt sicher aus ihrer Geschichte. Auch auf den Straßen sehen sie sich nicht als denjenigen, der schnell dahin muß, und die anderen sind egal. Das ist in Deutschland besser geworden. Es war entsetzlich am Anfang; ich höre, daß es auch in der ehemaligen DDR große Schwierigkeiten gibt. Das sind doch alles Symbole für das, was in diesen Gesellschaften vor sich geht. Indem sie lernen, anders miteinander zu leben, weil die Verhältnisse anders geworden sind, verändern sie sich.

Trotz meiner Sorgen hoffe ich, daß dies neue Deutschland, das innerhalb Europas liegt und wirkt, mit solchen schwierigen Auswüchsen, die wirklich wie Eiterbeulen sind, fertig wird. Das hoffe ich. Aber es verlangt die Anstrengung von vielen. Da fühle ich mich sehr bescheiden, weil ich nicht dabei bin. Das sehe ich von außen.

Wenn jeder Deutsche einen Juden persönlich gekannt hätte, wäre es zum »Dritten Reich« nicht gekommen. Sobald das eine Angelegenheit des eigenen Lebens ist und man einen Freund hat, dann wehrt man sich dagegen, daß der schlecht behandelt wird. Wenn jeder Deutsche einen polnischen Freund hätte, dann würden die Polen lernen von den Deutschen und die Deutschen von den Polen. Das ist übrigens durch den früheren Wohnsitz der Moltkes in Schlesien, der jetzt in Polen liegt, mein Anliegen in Deutschland.

Stiftung Kreisau

Eine Neugründung entsteht in Kreisau, eine polnische Stiftung[65] für europäische Verständigung. Dort werden Polen und Deutsche zusammenarbeiten; es ist nötig, miteinander zu sprechen. Ich möchte mal einen wilden Neonazi sehen. Wenn der wirklich mit einem Menschen aus Polen spräche, dem es schlecht geht! Dann sieht alles anders aus. Mein Schwager war ein Nationalsozialist als ganz junger Mensch. Der war der Jüngste. Mein Mann hat nichts gesagt. Aber er hat veranlaßt, daß er ein Praktikum in Frankreich macht. Da kam er wieder und er war kein Nazi mehr. So kann man Menschen verändern. Es ist heute viel leichter als früher, daß einer den anderen verändert und einer vom anderen lernt, weil man sich dauernd hin- und herbewegt. Darin sehe ich Hoffnungsschimmer.

Sie haben über Kreisau erzählt, was heute dort entsteht. Welche Vorstellungen hegen Sie für die Zukunft Schlesiens in Europa?

Ich habe schöne, neue Zukunftshoffnungen. Ich muß etwas ausholen, damit es verstanden wird. Meine Freunde in der Widerstandsarbeit dachten europäisch, um es auf eine Formel zu bringen. Polen gehört zu Europa, das ist gar keine Frage. Ich sage es jetzt mit Absicht so eng, darum: in Kreisau ein Ort der Begegnung für Polen und Deutsche.

Aber es ist klug von den Menschen ausgedacht, die sich von Anfang an damit befaßt haben. Sie sagen nicht nur polnisch-deutsch, sondern eine europäische Begegnungsstätte. Sobald ein Holländer noch dabei ist und ein Pole und ein Deutscher, sieht die Sache wieder ganz anders aus. Das soll in Kreisau, das jetzt völlig verfallen ist, entstehen.

Nun ist glücklicherweise hinzugekommen, daß sich 1989 die beiden Regierungshäupter – beide katholisch – zu einem Versöhnungsgottesdienst in Kreisau fanden. Es ist gerechtfertigt, daß sie sich aussuchten, gerade nach Kreisau zu gehen, nachdem sie einen anderen Ort fallengelassen hatten, der völlig unmöglich war. Auf der Basis der Kreisauer Freunde ist es richtig, daß sich Mazowiecki[66] und Kohl treffen und verständigen können. Da ist Kreisau der gegebene Ort.

Daß sie das nun unternehmen wollen, das geht nur mit großen Mitteln. Diese Mittel fließen jetzt von der Bundesrepublik. Aber nicht direkt von der Bundesrepublik. Es bedeutet, der Steuerzahler ist nur indirekt darin verstrickt. Das kann ich Ihnen zum Trost sagen. Immerhin werden Mittel fließen, die das Haus wieder aufbauen und die Gutsgebäude einbeziehen werden. Es dauert zehn Jahre. Das werde ich vielleicht nicht mehr erleben. Aber es kommt.

Sind Sie nach dem Kriege dagewesen?

Ich bin mehrfach dagewesen. Jetzt habe ich einen Ehrensitz in dem Rat der Stiftung inne; das ist das demokratische Parlament dieser Organisation, die dann das Präsidium wählt, die Geschäftsführung. In dem Rat der Stiftung sitzen 40 Menschen; noch sind nicht alle gewählt. Ungefähr 30 sind schon vorhanden. Ich habe einen Ehrensitz, infolgedessen kann ich an den Sitzungen teilnehmen; das tue ich mit Begeisterung. Die haben zwei Sitzungen im Jahr; zweimal im Jahr komme ich nach Deutschland.

Die Sitzungen sind in Deutschland?

Sie sind abwechselnd in Berlin und in Wrocław, Breslau. Die nächste ist in Wrocław, die vorige war in Berlin.

Haben Sie, als Sie in Kreisau, in Schlesien lebten, jemals daran gedacht, Polnisch zu lernen?

Nein. Das habe ich nicht gedacht. Aber mein Mann hat das als junger Mensch gedacht. Er hat sich damals sehr für nach Osten gerichtete Landwirtschaft interessiert. In alten Briefen an die Großeltern in Südafrika, die ich fand, als ich nach Südafrika kam, hat er geschrieben: »Ich muß unbedingt Polnisch lernen.« Ich habe nicht Polnisch gelernt. Ich bin gar nicht auf den Gedanken gekommen, obwohl wir während des Krieges polnische Zivilarbeiter hatten. Unser Inspektor, der näher an Polen gelebt hatte, konnte Polnisch und sprach mit den Arbeitern Polnisch. Damals hätte ich eigentlich lernen sollen. Aber auf den Gedanken bin ich nicht gekommen, weil es in unserer Gegend keine Polen gab. Es gab wirklich fast nur Deutsche. Der Gedanke, daß ich in der Zukunft Polnisch brauchen würde, der ist mir nicht gekommen. Schade, denn heute würde ich gern Polnisch können. Das ist schwer zu erlernen.

Die Umwelt heilen

Sie haben vorhin gesagt, daß die Umweltfrage für Sie heute entscheidend ist.

Für jeden Menschen ist das eine entscheidende Frage.

Wie kann das Bewußtsein dafür geweckt werden? Heute haben dieses Bewußtsein noch viel zu wenige Menschen.

Aber es werden täglich immer mehr. Ich freue mich, daß einer meiner Söhne ein Umweltarbeiter ist, kein Wissenschaftler, sondern ein Umweltpolitiker. Als er vor etwa 16 Jahren mit dieser Arbeit anfing, da haben die Leute gesagt, das ist lächerlich, daß der sich damit beschäftigt. Heute sagt das kein Mensch mehr. Jetzt sagt ein jeder, mit dem man darüber spricht: »Das ist aber gut, daß der sich mit diesen Sachen beschäftigt.«

Aber es drängt so stark, daß es jetzt wirklich fast jeder verstehen muß. Die Abgase der Autos, die schrecklichen Chemikalien, die in die Flüsse geleitet werden – jeder weiß doch jetzt, wie gefährdend das ist. Es wird noch gerungen um die Frage, wie weit die nukleare Energie nützlich oder unnützlich ist; viele Länder haben sich für sie entschieden. Das ist noch eine große, ungelöste Frage. Aber letzten Endes, vor der letzten Katastrophe scheuen die Menschen doch zurück. Dann werden sie vernünftig.

Sie glauben, es ist noch Zeit?

Vielleicht wird's gerade noch gelingen oder jedenfalls noch lange weitergehen. Ewig hält diese kleine Kugel sowieso nicht. Aber das dauert noch lange.

Können Sie sich also vorstellen, daß unsere Umwelt nicht weiter zerstört wird, sondern es sogar eine Heilung gäbe?

Das hat schon begonnen; das muß unbedingt weitergehen, denn sonst wird das Leben auf dieser Erde unmöglich. Das werden mehr und mehr Leute einsehen. Dann werden sie auch mitarbeiten. Wenn Sie bedenken, was jetzt schon mit Wiederverwertung gemacht wird.

40 Prozent unserer Quantität an Müll wird dadurch verringert, daß man Recycling macht. Das kann jeder, und jeder muß da mitmachen. Das ist im Gange; das geht weiter. Darum hoffe ich, daß es gelingen wird, diesen schrecklichen Verfall auf unserer Erde aufzuhalten. Da bin ich optimistisch. Ich

glaube, es wird gerade noch gutgehen. Aber das ist ein weiter Weg. Der hat jetzt begonnen, auf dem befinden wir uns. Es kommt darauf an, wie bei der Demokratie, daß jeder sein kleines Teil tut und keiner sich mehr vornimmt, als er vor seinen Augen sieht. Wenn er das, was er vor seinen Augen sieht, richtig macht, dann hilft das dem Ganzen. Das ist meine Art, mich auf dieser Erde zu verhalten. Das ist keine unbescheidene Art. Darum habe ich, wo immer ich mich befunden habe, mit den kleinen Dingen um mich herum angefangen.

So bin ich in den USA nicht nur eine Mitarbeiterin von Rosenstock gewesen, sondern habe auch in der Umgebung mitgearbeitet. Bei uns in Hanover, dem kleinen Ort, der auf der anderen Seite des Flusses und schon in einem anderen Staat, uns aber in jeder Hinsicht nahe liegt, hat man eine Kooperative gegründet. Sie gehört allen Mitgliedern und wird von einigen Mitgliedern regiert. Diese werden gewählt. Die demokratische Organisation nimmt ihren Ablauf und erneuert sich wieder. Die Erneuerung ist in der Demokratie so wunderbar geregelt, auch in meiner Coop. Nach dem Tode meines alten Freundes Rosenstock habe ich es noch zur Präsidentin dieser Kooperative gebracht. Es hat mir unerhört viel Spaß gemacht. Leider mußte ich dieses schöne Amt viel zu früh niederlegen, weil unsere Coop auch Bier und Wein verkauft. Jeder Staat hat hier viel eigene Gesetzgebung, die nicht Bundesgesetzgebung ist. Im Staate New Hampshire galt, daß ein Ausländer – ich war damals Deutsche – nicht beschäftigt sein durfte in irgendeiner Organisation, die Alkohol verkauft. So mußte ich mein Amt niederlegen. Das hat aber so viel Erregung in meiner Coop geschaffen, daß die sich in der Hauptstadt von New Hampshire mit dem Parlament angelegt haben, bis das Gesetz geändert wurde. Heute könnte ich wieder dort arbeiten; heute habe ich sogar einen amerikanischen Paß.

Nachdem ich traurig war, daß ich in dieser Coop nicht weiterwirken konnte, habe ich mich mit Leuten, die alle auch aus der Coop stammten, zusammengetan, weil in der Umgebung von Hanover die Wohnungsverhältnisse sehr ungerecht sind. Es ist zwar ein wunderschönes Land, und man kann auch weit weg von seiner Arbeitsstätte wunderbar wohnen, aber dann ist man darauf angewiesen, mit dem Auto unter schwierigen Witterungsverhältnissen und meistens mit schlechten Autos lange Strecken zurückzulegen, um zur Arbeit zu kommen, während die wohlhabenden Leute hier in der Nähe wohnen. Deswegen wollten wir auf einem schönen Stück Land, das der Coop gehörte, kooperative Wohnungen bauen für Familien, die in unserem Städtchen arbeiten, so daß die hier wohnen und gleich zur Arbeit konnten.

Jahrelang habe ich mich mit diesen Fragen beschäftigt; wir sind eigentlich nicht weit gekommen. Wir können uns mit großen Erfolgen nicht brüsten. Aber wir haben etwas erreicht. Nun aber bin ich so alt, daß ich aus dem Vorsitz ausgeschieden bin; ich bin nur noch in einem der kleinen Komitees.

Hervorheben möchte ich aber, wie wunderbar es ist, in Amerika in einem Team zusammenzuarbeiten. Das waren Menschen, die man respektierte und schätzen lernte, wie sie einander nachgaben und sich gegenseitig anhörten. Wieviel wir da gelacht und zusammengearbeitet haben, das ist ein wirklicher, schöner Schatz in meinem Leben hier geworden, für den ich sehr dankbar bin.

Fortschritt und Rückschritt

Glauben Sie, daß es in Ihrem Leben und in dem europäischen und amerikanischen Umfeld, das Sie überblicken, so etwas wie Fortschritt gegeben hat?

Ich spreche mehr und werde im Grunde innerlich stummer vor Ihren Fragen. Ich sehe nicht den Fortschritt in dem Sinne, daß es besser wird. Die Menschen sind weder besser noch sind sie wirklich schlechter geworden. Was heißt auch besser und schlechter? Sie leben immer noch nicht gut genug miteinander. Vielleicht werden sie lernen, besser auf dieser Erde miteinander zu leben. Wenn ich diese unendlichen Veränderungen, die in meinem Leben geschehen sind, ansehe, so muß ich sagen, die Menschen selber, in ihrem ureigenen Menschsein, haben sich gar nicht verändert. Wenn ich lese, was vor 1000 Jahren einsichtsvolle Menschen gedacht und getan haben, dann ist das eigentlich nicht anders, als wir es heute unter großen Mühen denken und versuchen zu tun.

Die Seelen der Menschen haben sich viel weniger verändert als die äußeren Bedingungen, unter denen sie leben. Sie sind auf dem Weg, menschlicher zu leben, nur sehr langsam weitergekommen. Das ist immer noch der Fortschritt, der zählt. Ich wünsche – in dem Sinne bin ich demokratisch –, daß mehr Menschen an dem besseren Leben im eigentlichen Sinne dieses Wortes teilnehmen können; ich finde, daß das weitergekommen ist. Aber wir haben immer die andere Seite vor Augen. Das andere große Problem, außer dem Umweltproblem, ist fraglos die Tatsache, daß es zu viele Menschen gibt. Das ist eine vordringlich ernste Frage. Es können nicht unbeschränkt viele Menschen an dieser Menschlichkeit teilnehmen. Sonst werden sie wieder unmenschlich. Fortschritt, der ist so langsam, daß man ihn kaum sehen kann.

Was denken Sie denn darüber? Sie fragen mich immer, ohne zu sagen, was Sie denken. Wenn Sie mich in solche Gespräche ziehen, können Sie nicht mit mir sprechen, ohne daß Sie sich selber auch preisgeben. Sie verlangen ja von mir eine unerhörte Preisgabe hier! Das mache ich nicht mit. Glauben *Sie* denn an Fortschritt?

Das Wort ist so allgemein, ich denke, es hat sehr viel Rückschritt gegeben. Zum Beispiel, was Krieg angeht.

Ich glaube, Rückschritt und Fortschritt heben sich gegenseitig fast auf. Es ist schon viel, wenn es nicht vollkommene Zerstörung ist. Ich glaube nicht, daß es viele Rückschritte gibt; es ist auch nicht Stille.

Wir müssen mal auf das ganze Einfache zurückkommen in diesem Gespräch: Leben ist immer Spannung, ist immer Bewegung; da gibt es nie den Stillstand. Sobald es stillsteht, ist es tot. Das Leben ist etwas sehr Kostbares. Es ist eine Tatsache, daß es noch Leben gibt, und dieses Leben zwischen Fortschritt und Rückschritt, zwischen Gut und Böse ist uns Menschen aufgegeben.

Da spielt die Zeit, die Phase, wann etwas geschieht, eine außerordentlich große Rolle. In der Technik spielt eigentlich nur der Raum eine große Rolle. Ich bin eine solche Bewunderin von Rosenstock, weil er in seiner Lehre sagt: »Denk doch endlich wieder an die Zeit und nicht nur an den Raum!« Er sagt auch, in früheren Jahrhunderten sei viel mehr über die Zeit nachgedacht worden und mit der Zeit gelebt worden. Das naturwissenschaftliche Denken beschäftigt sich wirklich sehr stark mit dem Raum. Das ist so abstrakt; das ist immer schwierig. Doch das Leben ist wirklich nicht abstrakt. Ich glaube, die Erhaltung des Lebens in seiner ganzen Fülle – das menschliche Leben hat eine unerhörte Fülle, das ist kostbar –, und das ist noch nicht aufgegeben.

Solange es dauernd pulsiert zwischen Rückschritt und Fortschritt, ist es das menschliche Leben.

Vision: Menschlicher leben

Frau von Moltke, ich denke, als Sie und Ihr Mann in der Nazi-Zeit Widerstand geleistet haben, sind Sie einer Vision gefolgt, der Vision eines demokratischen, auf Recht gegründeten Deutschlands in Europa. Was denken Sie heute? Sind solche Visionen wichtig? Wo könnten Menschen sie heute finden?

In einem beschränkten Sinne, würde ich sagen, haben alle Menschen Visionen. Sie stellen sich ihre Zukunft vor. Sie wollen einen Beruf ergreifen. Vielleicht sollte ich sagen, die Mehrzahl hat solche Zukunftsvorstellungen, für die sie arbeiten wollen. Sie sind unglücklich, wenn sie solche Vorstellungen nicht haben. Das ist hilfreich, wenn die Zukunft einem winkt. Je reicher dieser Ausblick ist, desto schöner ist es für die Menschen. Jemand will ein Arzt werden. Dann ist das eine Vision. Jemand möchte für die Demokratie arbeiten. Dann ist es eben auch eine Vision. Das ist ein großes Wort für etwas, was dem Menschen gemäß ist. Jeder Mensch hat einen Glauben an die Zukunft. Das hat wirklich mit dem Glauben zu tun; denn es ist etwas, was man nicht sehen kann, was einen aber zieht.

Dieses Ziehen aus der Zukunft gehört zum Menschen dazu; das muß man jedem Menschen wünschen. Manchmal ist es eine ganz bescheidene Vision. Aber nur weil wir solche Vorstellungen haben, kommen wir schließlich dahin, wo wir hin möchten. Sie haben richtig geschildert, daß wir wirklich geglaubt haben. Die Demokratie ist weit davon entfernt, eine ideale Regierungsform zu sein; die gibt es nicht. Der Idealismus, den die Deutschen erfunden haben, ist eine große Gefahr für die Deutschen geworden. Sie haben immer für möglich gehalten, daß sie diese Ideale verwirklichen können. Aber das ist nicht möglich. Es ist alles menschlich; das hat immer zwei Seiten. Die Demokratie ist ein langsamer, mühsamer Prozeß, aber hat in sich die Möglichkeit des Wechsels. Der ist bei uns Menschen unbedingt erforderlich. Wenn einer zu lange zu viel Macht hat, kann er mit der Macht nicht mehr richtig umgehen. Das ist bekannt. Die Demokratie hilft dazu, daß sich ein Wechsel einstellt.

Mit dem Recht ist es genauso. Das Recht ist dadurch entstanden, daß sich Menschen eine Ordnung geben mußten, in der sie zusammen leben können. Ohne eine gewisse Ordnung geht es nicht; das Recht ist die in Regeln zusammengelaufene Ordnung. Die muß man auch immer wieder verändern. Das Recht ist nicht ewig, das Recht wandelt sich und muß sich wandeln. Im Mittelalter hat man ganz andere Strafen gehabt; ob die heutigen Strafen besser sind, stelle ich anheim; wahrscheinlich sind sie's nicht. Aber die Bilder ändern sich, was eine furchtbare Straftat und was eine weniger schlimme Straftat ist. So müssen sich auch die Regeln ändern. Das Recht braucht wieder viel längere Phasen, und an das Recht müssen die Menschen sich halten. Es kann nicht willkürlich geschehen, was einem Menschen paßt; das stört das menschliche Zusammenleben.

Wenn Sie mich so fragen, was wir angestrebt haben und noch weiter anstreben, dann läuft es immer darauf hinaus, daß die Menschen besser in Frieden zusammenleben können. Weil Menschen komplizierte Wesen sind, ist es schwer, dieses Ziel zu erreichen. Darüber haben wir schon gesprochen, daß das ein schwieriger Prozeß ist: menschlicher zu werden in dem Sinne des Menschenbildes, wie wir es haben. Nun ist unser westliches Menschenbild wirklich ein anderes, als was, zum Beispiel, die Mohammedaner oder die Chinesen haben. Es kommt auf dieser Welt darauf an, Kompromisse zu machen zwischen diesen verschiedenen Menschenbildern.

Wir müssen miteinander leben lernen. Das ist eigentlich die Aufgabe der kommenden Zeit. Daran mitzuarbeiten, ist mein Leben lang mein Ziel gewesen, in ganz bescheidenen Maßen. Je bescheidener man etwas tut, desto wirkungsvoller ist es. Wenn zwischen zwei Menschen Frieden gemacht wird und viele Menschen zwischen zwei Menschen Frieden machen, dann wirkt sich das auf das Ganze aus. Da braucht man gar nicht unbescheiden in der Vision zu sein. Man kann ganz bescheiden sein.

Ich bin unerhört dankbar, daß es immer noch Menschen gibt, die meinen Müll wegnehmen. Was sollte ich machen, wenn das keiner mehr täte? So ist es in unserer ganzen komplizierten Gesellschaft. Man kann nicht dankbar genug sein für das, was einem an Hilfestellung von anderen Menschen zukommt. Wenn jeder in Frieden seinen Teil beiträgt, dann lebt sich's nicht schlecht auf dieser Erde. Ich würde sagen, das ist genug Vision.

Anhang

Anmerkungen zum Gespräch

1 Eugen Rosenstock-Huessy (1888–1973), Rechtshistoriker, Philosoph, Soziologe. Universitätsprofessor unter anderem in Breslau und – nach seiner Emigration 1933 in die USA – in Hanover, New Hampshire.

2 Helmuth Caspar von Moltke, geb. 1937.
Konrad von Moltke, geb. 1941.

3 Eugenie Schwarzwald (1872–1940), österreichische Reformpädagogin und, zusammen mit ihrem Ehemann Hermann Schwarzwald, Begründerin eines Schwarzwaldkreises, dem auch Freya von Moltkes Bruder Hans Deichmann angehörte.

4 Helmuth James von Moltke (1907–1945), Jurist, Landwirt, Mitbegründer des Kreisauer Kreises, Widerstandskämpfer. Im Januar 1944 vom NS-Regime verhaftet, am 10. Januar 1945 vom »Volksgerichtshof« zum Tode verurteilt und am 23. Januar 1945 hingerichtet.

5 Der Reifensteiner Verband, 1897 gegründet, eröffnete Schulen zur Ausbildung von Mädchen für hauswirtschaftliche Arbeit und ländliche Lehrtätigkeit auf christlicher Grundlage. Seinen Namen erhielt er von einer ersten Landfrauenschule in Reifenstein bei Worbis (Thüringen).

6 Ernst Röhm (1887–1934), NS-Funktionär, SA-Stabschef. Am 30. Juni 1934 wegen eines angeblichen Putschversuchs von Nationalsozialisten ermordet.

7 »Mein Kampf«, Adolf Hitlers zweibändige Schrift, wurde 1924 und 1927 geschrieben und erreichte schon vor 1933 eine hohe Auflage, wurde aber in ihrer Programmatik weithin unterschätzt.

8 Paul von Beneckendorff und Hindenburg (1847–1934), Generalfeldmarschall des Ersten Weltkrieges und Reichspräsident der Weimarer Republik seit 1925. 1932 als Kandidat der rechten Mitte gegen Adolf Hitler und Ernst Thälmann für die Reichspräsidentenwahl aufgestellt und gewählt.

9 Ernst Thälmann (1886–1944), Politiker, Widerstandskämpfer, kandidierte 1925 und 1932 bei den Reichspräsidentenwahlen. Vom NS-Regime 1933 inhaftiert und 1944 im KZ Buchenwald ermordet.

10 Helmuth James von Moltke schrieb mit einer ungewöhnlich kleinen und deshalb schwer leserlichen Handschrift.

11 Helmuth Carl Bernhard von Moltke (1800–1891), preußischer Generalfeldmarschall, kaufte das Gut Kreisau mit einer Dotation, die er für seinen Sieg im Krieg Preußens gegen Österreich 1866 (Schlacht bei Königgrätz) erhalten hatte.

12 Die »Nürnberger Gesetze« wurden im September 1935 erlassen. Als »Reichsbürgergesetz« und »Gesetz zum Schutze des deutschen Blutes und der deutschen Ehre« leiteten sie die systematische Entrechtung und Verfolgung jüdischer Menschen in Deutschland ein.

13 Arisieren: jüdisches Eigentum in »arisches« Eigentum überführen.

14 Heinrich Brüning (1885–1970), Politiker, Reichskanzler der Weimarer Republik von 1930 bis 1932.

15 Peter Yorck von Wartenburg (1904–1944), Jurist, Widerstandskämpfer, Mitbegründer des Kreisauer Kreises. Am 20. Juli 1944 verhaftet, am 8. August 1944 vom »Volksgerichtshof« zum Tode verurteilt und hingerichtet.

16 Marion Yorck von Wartenburg, geb. Winter (geb. 1904), Juristin, verheiratet mit Peter Yorck von Wartenburg. Nach dem Zweiten Weltkrieg Landgerichtsdirektorin in Berlin.

17 Julius Leber (1891–1945), Politiker, Widerstandskämpfer der ersten Stunde (1933–1937 in Haft), Mitglied des Kreisauer Kreises seit 1942. An der Vorbereitung des Attentats vom 20. Juli 1944 beteiligt, aber schon vor dessen Ausführung erneut verhaftet. Im Oktober 1944 vom »Volksgerichtshof« zum Tode verurteilt und am 5. Januar 1945 hingerichtet.

18 Hermann Josef Abs (geb. 1901), Bank- und Finanzfachmann.

19 Karl Blessing (1900–1971), Bankfachmann, Bundesbank-Präsident von 1958 bis 1969.

20 Die drei »großen« Kreisauer Treffen fanden vom 22. bis 25. Mai 1942 (Pfingsten), vom 16. bis 18. Oktober 1942 und 14. bis 16. Juni 1943 (Pfingsten) statt.

21 Carlo Mierendorff (1897–1943), Politiker, Widerstandskämpfer, Mitglied des Kreisauer Kreises. Kam am 4. Dezember 1943 bei einem Bombenangriff in Leipzig ums Leben.

22 Theodor Haubach (1896–1945), Politiker, Journalist, Widerstandskämpfer, Mitverschwörer vom 20. Juli 1944. Am 23. Januar 1945 vom NS-Regime hingerichtet.

23 Margret von Trotha, geb. Bartelt (geb. 1907), Volkswirtin, Soziologin, Ehefrau von Carl Dietrich von Trotha (siehe Anm. 36).

24 Georg Ferdinand Duckwitz, 1943 deutscher Schiffahrtsattaché in Kopenhagen.

25 1989 wurde das Buch »Helmuth James von Moltke. Briefe an Freya – 1939–1945«, hg. von Beate Ruhm von Oppen, München 1988, mit dem Geschwister-Scholl-Preis der Stadt München ausgezeichnet.

26 Klaus von Dohnanyi (geb. 1928), Politiker, hielt bei der Verleihung des Geschwister-Scholl-Preises 1989 eine Rede.

27 Christine von Dohnanyi, geb. Bonhoeffer (1903–1965), eine Schwester der vom NS-Regime ermordeten Widerstandskämpfer Dietrich und Klaus Bonhoeffer, Ehefrau von Hans von Dohnanyi, siehe Anmerkung 28, und Mutter von Klaus von Dohnanyi, siehe Anmerkung 26, Botanikerin.

28 Hans von Dohnanyi (1902–1945), Jurist, Mitglied einer Widerstandsgruppe. Am 9. April 1945 vom NS-Regime im KZ Sachsenhausen ermordet. Vater von Klaus von Dohnanyi (siehe Anmerkung 26).

29 Wilhelm Canaris (1887–1945), Marineoffizier, Admiral und Chef des Amtes Ausland/Abwehr im OKW von 1938 bis Februar 1944. Am 9. April 1945 vom NS-Regime im KZ Flossenbürg ermordet.

30 Otto Karl Kiep (1886–1944), Diplomat, Verbindung zur Widerstandsbewegung, im Januar 1944 verhaftet, im Juli

1944 vom »Volksgerichtshof« zum Tode verurteilt und am 26. August 1944 in Plötzensee hingerichtet.

31 Siehe Anmerkung 25. Die zweite Auflage der »Briefe an Freya« erschien 1989 mit zwei zusätzlichen Gefängnisbriefen und einem Bericht von Freya von Moltke über die Monate in Kreisau nach der Hinrichtung ihres Mannes.

32 Claus Schenk von Stauffenberg (1907-1944), Berufsoffizier, Widerstandskämpfer, zündete die Attentatsbombe am 20. Juli 1944 in Hitlers Hauptquartier »Wolfsschanze« bei Rastenburg (Ostpreußen). Vom NS-Regime standrechtlich erschossen am selben Tag in Berlin, Bendlerstraße.

33 Harald Poelchau (1903-1972), Theologe, Gefangenenseelsorger in Berlin-Tegel seit 1933.

34 Rosemarie Reichwein, genannt Romai, geb. Pallat (geb. 1904). Sportlehrerin, Ehefrau des Pädagogen und NS-Widerstandskämpfers Adolf Reichwein (1898-1944), der - ein Mitglied des Kreisauer Kreises - sich nach der Verhaftung H. J. v. Moltkes aktiv an der Vorbereitung des Attentats am 20. Juli 1944 beteiligte, am 20. Oktober 1944 vom »Volksgerichtshof« zum Tode verurteilt und hingerichtet wurde.

35 Theodor Steltzer (1885-1967), Politiker, Widerstandskämpfer, Mitglied des Kreisauer Kreises, Ministerpräsident von Schleswig-Holstein 1946/47.

36 Carl Dietrich von Trotha (1907-1952), Vetter Helmuth James von Moltkes, in Kreisau geboren und aufgewachsen. Wirtschaftsfachmann, Mitglied des Kreisauer Kreises.

37 Horst von Einsiedel (1905- um 1947/48), Volkswirtschaftler, Mitglied des Kreisauer Kreises. Er überlebte die Verfolgung nach dem 20. Juli 1944 und kam als Gefangener der sowjetischen Besatzung im östlichen Deutschland unter ungeklärten Umständen ums Leben.

38 Alfred Delp (1907-1945), Jesuitenpater, seit 1942 Mitglied des Kreisauer Kreises. Nach dem 20. Juli 1944 verhaftet, vom »Volksgerichtshof« zum Tode verurteilt und am 2. Februar 1945 hingerichtet.

39 Eugen Gerstenmaier (1906–1986), Politiker, seit 1942 Mitglied des Kreisauer Kreises. Am 20. Juli 1944 verhaftet, zu sieben Jahren Zuchthaus verurteilt, von US-Truppen 1945 in Bayreuth befreit. Bundestagspräsident 1954 bis 1969.

40 Heinrich Müller, geb. 1900, Todesdatum ungeklärt, eventuell 1945. SS-Obergruppenführer, Gestapo-Chef von 1939 bis 1945.

41 »The Restless Conscience«, Dokumentarfilm von Hava Kohav Beller, am 19. Juli 1992 vom ZDF in einer deutschen Fassung unter dem Titel »Das ruhelose Gewissen« gesendet.

42 Fritz von Lewinski, genannt Erich von Manstein (1887–1973), Generalfeldmarschall, 1944 von Hitler seines Postens enthoben.

43 Max Föhrenbach (1872–1942), General der Artillerie seit 1. September 1940.

44 Heinrich Himmler (1900–1945), »Reichsführer SS«. Endete durch Selbstmord.

45 Paul Joseph Goebbels (1897–1945), Reichspropagandaminister. Endete durch Selbstmord.

46 Hermann Göring (1897–1945), u. a. »Reichsmarschall«. Endete durch Selbstmord.

47 Roland Freisler (1893–1945), NS-Funktionär, Präsident des »Volksgerichtshofes« 1942–1945. Starb am 3. Februar 1945 bei einem Bombenangriff.

48 Carl Friedrich Goerdeler (1884–1945), Politiker, Widerstandskämpfer, einer der Hauptverschwörer des 20. Juli 1944, vom »Volksgerichtshof« zum Tode verurteilt und am 2. Februar 1945 hingerichtet.

49 Christian Science: Christliche Glaubensgemeinschaft, 1879 in USA gegründet, seit 1899 auch in Deutschland vertreten.

50 Freya von Moltke, Michael Balfour, Julian Frisby: »Helmuth James von Moltke 1907–1945. Anwalt der Zukunft«, Stuttgart 1975 und Berlin 1984.

51 Dorothy Thompson (1894–1961), amerikanische Publizistin. Auslandskorrespondentin in Wien von 1920 bis 1924 und in Berlin von 1924 bis 1932.

52 Michael Balfour, britischer Historiker, Freund der Familie von Moltke. Siehe auch Anmerkung 50.

53 Barbara von Haeften, geb. Curtius (geb. 1908), Ehefrau des Widerstandskämpfers Hans-Bernd von Haeften, der am 15. August 1944 vom »Volksgerichtshof« zum Tode verurteilt und hingerichtet wurde. Hans-Bernd von Haeftens jüngerer Bruder Werner von Haeften war am Attentat des 20. Juli 1944 als Adjutant Claus Schenk von Stauffenbergs beteiligt und wurde am 20. Juli 1944 erschossen.

54 Viktor Bausch, Studienfreund von Theodor Haubach, siehe Anmerkung 22.

55 Annedore Leber (1904–1968). Ehefrau von Julius Leber, siehe Anmerkung 17. Nach dem Zweiten Weltkrieg Politikerin in Westberlin. Schrieb zusammen mit Freya von Moltke das Buch »Für und wider – Entscheidungen in Deutschland – 1918–1945«, Berlin 1962.

56 Helmuth James Graf von Moltke: »1907–1945 – Letzte Briefe aus dem Gefängnis Tegel«, Berlin 1950 (1. Auflage) bis 1988 (15. Auflage).

57 Carl Heinrich Becker (1876–1933), Orientalist, Politiker, preußischer Kulturminister von 1925 bis 1930.

58 Die Löwenberger Arbeitsgemeinschaft wurde 1927 unter führender Beteiligung von Eugen Rosenstock-Huessy und Helmuth James von Moltke gegründet. Sie diente der Vorbereitung der Löwenberger Work Camps, die 1928 zum erstenmal stattfanden.

59 Martin Gauger (1905–1940), Teilnehmer an einigen Kreisauer Treffen, floh 1940 nach Holland und wurde dort nach der deutschen Invasion gefangengenommen und umgebracht.

60 Fritz Christiansen-Weniger (1897–1989), Landwirt und Professor für Agrarwirtschaft, Mitglied des Kreisauer Kreises.

61 Freya von Moltke kam im Frühjahr 1930 zum erstenmal nach Kreisau. 1929 hatte sie H. J. von Moltke kennengelernt, der damals nicht mehr an den Löwenberger Work Camps teilnahm.

62 »Die europäischen Revolutionen und der Charakter der Nationen« von Eugen Rosenstock-Huessy, Moers 1987 (jüngste Auflage), zum erstenmal erschienen unter dem Titel »Die europäischen Revolutionen. Volkscharaktere und Staatenbildung«, Jena 1931.

63 Hanover, Hauptstadt des US-Bundesstaates New Hampshire, liegt fünf Kilometer von Norwich entfernt, das zum Bundesstaat Vermont gehört.

64 »Die Tochter«, ein Kapitel aus dem Buch »Die Hochzeit des Krieges und der Revolution« von Eugen Rosenstock-Huessy (1920), wurde nach Eugen Rosenstock-Huessys Tod auf dessen Wunsch zusammen mit »Das Buch Rut«, verdeutscht von Martin Buber, in einem schmalen Band von Bas Leenman herausgegeben und kommentiert (Mössingen-Talheim 1988).

65 »Stiftung Kreisau für europäische Verständigung«, gegründet am 10. Juli 1990 in Wrocław.

66 Tadeusz Mazowiecki (geb. 1927), Ministerpräsident Polens vom 24. August 1989 bis 26. November 1990, traf Bundeskanzler Helmut Kohl am 12. November 1989 in Kreisau zu einem gemeinsamen Gottesdienst.

Für die Anmerkungen verwendete und weiterführende Literatur

Der Kreisauer Kreis. Porträt einer Widerstandsgruppe. Begleitband zu einer Ausstellung der Stiftung Preußischer Kulturbesitz, bearbeitet von Wilhelm Ernst Winterhager. Berlin 1985

Dossier: Kreisauer Kreis. Dokumente aus dem Widerstand gegen den Nationalsozialismus. Aus dem Nachlaß von Lothar König S. J. Hg. und kommentiert von Roman Bleistein. Frankfurt am Main 1987

Leber, Annedore/Moltke, Freya Gräfin von: Für und wider. Entscheidungen in Deutschland, 1918–1945. Berlin/Frankfurt/Main 1962

Meding, Dorothee von: Mit dem Mut des Herzens. Die Frauen des 20. Juli. Berlin 1992

Moltke, Freya von/Balfour, Michael/Frisby, Julian: Helmuth James von Moltke 1907–1945. Anwalt der Zukunft. Stuttgart 1975

Moltke, Helmuth James Graf von: Völkerrecht im Dienste der Menschen. Dokumente. Hg. und eingeleitet von Ger van Roon. Berlin 1986

Moltke, Helmuth James Graf von: Briefe an Freya: 1939–1945. Hg. von Beate Ruhm von Oppen. 2. Aufl., München 1990

Rosenstock-Huessy, Eugen: Die Europoäischen Revolutionen und der Charakter der Nationen. Moers 1987

Rosenstock-Huessy, Eugen: Die Tochter. Das Buch Rut, verdeutscht von Martin Buber. Hg. von Bas Leenman, Talheimer Texte aus der Geschichte, Band 2, Mössingen 1988

Wistrich, Robert: Wer war wer im Dritten Reich? Anhänger, Mitläufer, Gegner aus Politik, Wirtschaft, Militär, Kunst und Wissenschaft. München 1983

Freya von Moltke: Veröffentlichungen

Beiträge in Büchern

Für und wider. Entscheidungen in Deutschland 1918–1945. Zusammen mit Annedore Leber. Berlin/Frankfurt/Main: Mosaik 1962

Helmuth James von Moltke 1907–1945. Zusammen mit Michael Balfour und Julian Frisby, deutsche Ausgabe, 3. Aufl., Berlin: Henssel 1991. (Die 1. Auflage erschien mit dem zusätzlichen Untertitel »Anwalt der Zukunft«, Stuttgart: DVA, 1975)

Die letzten Monate in Kreisau. Ein Bericht von Freya von Moltke aus dem Jahre 1961. In: Helmuth James von Moltke. Briefe an Freya 1939–1945. Hg. von Beate Ruhm von Oppen, 2. Aufl., München: Beck 1991

Interviews

Freya von Moltke im Gespräch mit Eberhard Görner. In: Sinn und Form, Berlin: Rütten & Loening, Nov./Dez. 1984

Freya Gräfin von Moltke, geb. Deichmann. In: Mit dem Mut des Herzens. Die Frauen des 20. Juli. Interviewt von Dorothee von Meding. Berlin: Siedler 1992

»Wenn man in wunderbare menschliche Ereignisse verstrickt ist ...«, Gespräch mit Freya von Moltke von Liz Wieskerstrauch. In: Die Neue Gesellschaft/Frankfurter Hefte (Nr. 5), Frankfurt/Main, Mai 1992

Über die Reihe »Zeugen des Jahrhunderts«

Die Sendereihe »Zeugen des Jahrhunderts«, 1978 von Dieter Stolte und Karl Schnelting ins ZDF-Programm gebracht, stellt Persönlichkeiten vor, deren Lebensgeschichte zugleich Zeitgeschichte ist. Zeugen des Geschehenen: Frauen und Männer unterschiedlicher Herkunft, unterschiedlicher Berufe und unterschiedlicher Ansichten und Überzeugungen, denen eines gemeinsam ist: ihre Ausdrucksfähigkeit in der deutschen Sprache und die Kraft, reflektierte Erfahrungen und Erinnerungen mitzuteilen.

Mit den Gesprächsaufzeichnungen entstanden Bilder des Lebens - voller Tragik oft, aber auch voller Komik. Und immer voller Weisheit. Sehr persönlich erlebt und geschildert, sind die Gespräche doch zu Dokumenten geworden, die das 20. Jahrhundert mit seinen Errungenschaften, aber auch mit seinen Katastrophen, seinen Kriegen und seinen Verbrechen spiegeln.

Viele Zuschauer der Fernsehsendungen wünschen sich eine gedruckte Fassung der Gespräche, und zwar in Verbindung mit weiterführenden Informationen zu Leben und Werk der Zeugen. So entstand der Plan, über einzelne Zeugen eine Buchveröffentlichung herauszubringen, in der das aufgezeichnete Gespräch ein wesentlicher Teil des Buches ist, die Gesamtpublikation jedoch über den bloßen Abdruck des Gesprächsverlaufs hinausgeht. Herausgeber und Redaktion haben es übernommen, jeweils einen »Zeugen des Jahrhunderts« so vorzustellen, daß jüngere Leser Erläuterungen zu Leben, Werk und Umfeld vorfinden und älteren Lesern Erinnerung und Vergewisserung ermöglicht wird.

Die Gesprächsmitschnitte für den Druck zu überarbeiten, ließ sich vor allem von dem Grundsatz leiten, die charakteristischen Eigenarten des Gesprächs, seinen Stil und die Atmosphäre der Diktion zu erhalten. Lediglich die inhaltliche und sprachliche Redundanz des frei gesprochenen Wortes wurde gestrafft, um dem Leser ein zügiges und angenehmes Verfolgen der Erzählung möglich zu machen. Gleichwohl ist auch der gedruckten Fassung eines Gesprächs vor der Fernsehkamera anzumerken, daß es sich um mündliche Kommunikation handelte. Der Zeuge hat weder eine Monographie verfaßt, noch Memoiren geschrieben, sondern sich darauf eingelassen, sich des Mediums Fernsehen zu bedienen. Ein solches Gespräch steht gewissermaßen unter dem Zeichen des »Hier und jetzt im Fernsehen«. Das bedeutet unter anderem, daß Gedanken und Fragen dem ungeplanten Fluß des Gespräches folgen, manche systematisch oder geschichtlich »fällige« Frage nicht oder erst in einem anderen Zusammenhang gestellt wird, mancher Gedanke nur in dieser Situation so und nicht anders geäußert wird. In den Glücksmomenten solcher Gespräche findet der Zeuge aus dem Augenblick im Fernsehlicht eine Erinnerung, eine Perspektive oder eine Formulierung, eine neue Einsicht in die Zusammenhänge oder ein vergessenes Gefühl für sich selbst und die Zuschauer zurück.

Daß für nicht wenige der Zeugen die freie Rede vor der Fernsehkamera ungewohnt war, wirkte sich im allgemeinen als Vorteil aus, da nicht die sonst oft übliche Medienroutine die Ursprünglichkeit der Rede verdarb.

Somit sind die Konzeption der Fernsehreihe und die Modalitäten der Aufzeichnung konstitutiv auch für die Buchreihe. Daß das gesamte Projekt »Zeugen des Jahrhunderts« für das Fernsehen der neunziger Jahre atypisch genannt werden muß – auch dies mag für das beständigere Medium Buch eher ein Vorteil sein.

Die Gespräche der Reihe sind keine schnellen Interviews mit vorformulierten Fragen und gestanzten Antworten, zum alsbaldigen Verbrauch bestimmt. Die Zeugen werden also nicht von einem »Talkmaster« vorgeführt und zur Schau gestellt; die egozentrische Selbstdarstellung des Interviewers ist ebenso störend wie die effekt- und beifallheischende Produktion von Bonmots und Kalauern.

Vielmehr lassen sich die Gesprächspartner aufeinander und auf die Möglichkeit eines zeitlich kaum beschränkten Gedankenaustausches ein. Das Ideal ist nicht das journalistisch konfrontative Interview, sondern der integrative, nachdenkliche und sympathetisch geführte Diskurs. Die wechselseitige Achtung, ja Sympathie, die geistige Wahlverwandtschaft der Gesprächspartner ist erwünscht, weil erst ein Klima des Verstehens jene Gesprächskultur ermöglicht, die hier angestrebt wird.

Die Gespräche fanden nicht in einem Fernsehstudio statt, sondern in einem Raum, der für die private oder berufliche Existenz des Zeugen kennzeichnend ist.

Auf die Aussagekraft dieser Bilder vom »Ambiente« des Zeugen muß ein Buch ebenso verzichten wie auf die Aussagekraft des Gesichtes mit seiner Mimik und seiner Geschichte. Es wäre jedoch ein Mißverständnis, wollte man ein Gespräch im Fernsehen als »bebilderten Hörfunk« auffassen. Die Sprache der Bilder fügt dem gesprochenen Wort nicht nur etwas Entscheidendes hinzu, es verändert auch die Art des Sprechens. Wer sich darauf verlassen kann, daß auch der Ausdruck des Gesichts und die Körpersprache wahrgenommen werden, formuliert anders, als wenn er sich nur auf seine Stimme und die Wörter stützen kann. Dies darf bei der Lektüre der vorgelegten Buchausgaben von »Zeugen des Jahrhunderts« nicht vergessen werden.

Die Fernsehaufzeichnungen umfassen jeweils mehr Material, als in die einzelne Fernsehsendung aufgenommen werden kann. Die zumeist auf 60 Minuten begrenzte Sendung folgt eigenen dramaturgischen Gesetzen. Die Buchausgabe stützt sich deshalb nicht auf die Sendung, sondern auf die Aufzeichnung, also auf das Gesamtmaterial des »elektronischen Archivs«, das im ZDF angelegt wurde und für eventuelle weitere Sendungen verfügbar bleibt.

Ingo Hermann

Alwin Meyer
Die Kinder von Auschwitz

großformatige Broschur, über 100 Abbildungen

Über die Verbrechen in deutschen Konzentrationslagern ist vieles geschrieben worden. Nahezu unbekannt ist dabei die Geschichte der Kinder geblieben, die in Lager wie Auschwitz verschleppt wurden oder dort unter unvorstellbaren Bedingungen zur Welt kamen.
Dreizehn von ihnen waren bereit, Auskunft zu geben. Sie erzählen die Geschichte ihres Überlebens und des Lebens danach.

»Es ist ein erschütterndes Buch ... Wenn ein Buch zu zeigen vermag, daß die Täter und ihre Nachfahren Auschwitz nicht vergessen *dürfen,* weil die Opfer und ihre Nachkommen Auschwitz nicht vergessen *können,* dann ist es dieses so zurückhaltend-einfühlsam geschriebene Buch ... für mich gehört Meyers Publikation über die Kinder von Auschwitz zu den bewegendsten Büchern, welche zu diesem Thema geschrieben worden sind.« (Holdger Platta in: Frankfurter Rundschau)

»Ein Buch mit eindrucksvollen Lebensschilderungen, die keiner Kommentare bedürfen. Diese fakten- und quellenreiche Darstellung überzeugt durch ihre Sachlichkeit ...« (Michaela Bodesheim in: Die neue Bücherei, München)

»Ein Buch, das den Leser lange nicht losläßt, aber ein wichtiges in einer Zeit, in der Vergeßlichkeit und wenig fundierte Meinungsbildung gelegentlich Triumphe feiern.« (Westfälische Nachrichten)

»(Ein) Band, der erwachsene und jugendliche Leser gleichermaßen tief bewegen wird; für letztere scheint das Buch aufgrund seiner Konkretheit besonders geeignet.« (Hans Spanaus in: das neue buch/Buchprofile)

»Ein sehr notwendiges Buch.« (Friedrich Andrae im ekz-Informationsdienst)